COMME UNE RÉCRÉATION

À PARTIR DE
9 ANS

Géométrie et mangas

Ernest Robert

RETZ
www.editions-retz.com
9 bis, rue Abel Hovelacque
75013 Paris

ISBN : 978-2-7256-2996-4

Introduction

Les mangas font partie du monde des enfants aujourd'hui. Que ce soit en bandes dessinées, en cartes à collectionner ou en dessins animés, ces personnages peuplent leur vie et leur imaginaire. Quoi de plus naturel alors que de s'en inspirer pour susciter leur intérêt pour la géométrie ?

L'enfant pourra ici reproduire des mangas sur des quadrillages décalés, mais également tracer des mangas symétriques à des modèles donnés, ou encore en compléter d'autres par symétrie axiale.

Une des compétences les plus difficiles à aborder en géométrie étant la symétrie, il sera peut-être nécessaire (temporairement) d'organiser le travail de l'enfant. Pour cela, il est possible de lui dessiner un point à l'endroit où deux segments se rejoignent, en comptant le nombre de nœuds de quadrillage qui le séparent de l'axe de symétrie, afin de le reproduire par symétrie.

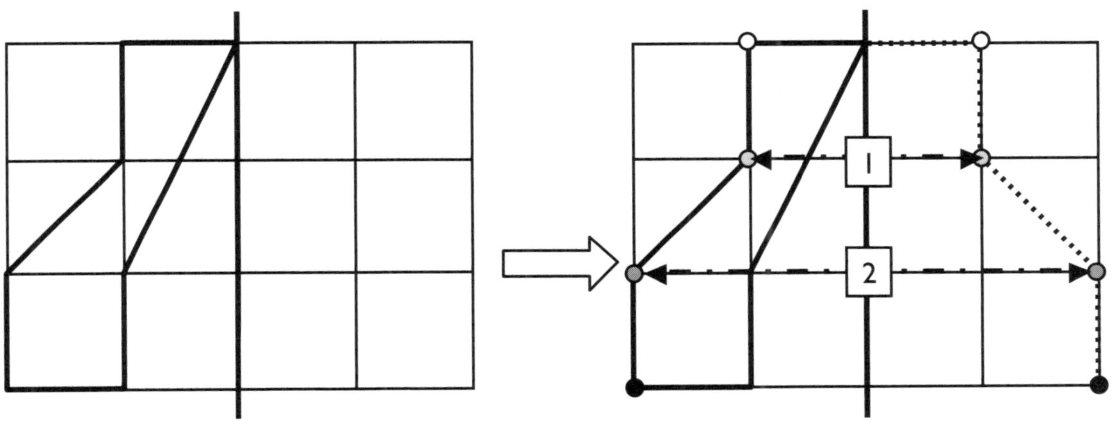

Une fois ces points bien définis et repérés, la reproduction de la figure sera facilitée, comme la compréhension de la logique de construction.

Un double-décimètre, un crayon bien taillé, une gomme, de la concentration et un bon sens d'observation sont nécessaires pour que, grâce à cet ouvrage, l'enfant prenne non seulement plaisir à reproduire ces mangas, mais acquière puis entretienne aussi de nouvelles compétences en géométrie, indispensables à l'école élémentaire.

Ernest ROBERT

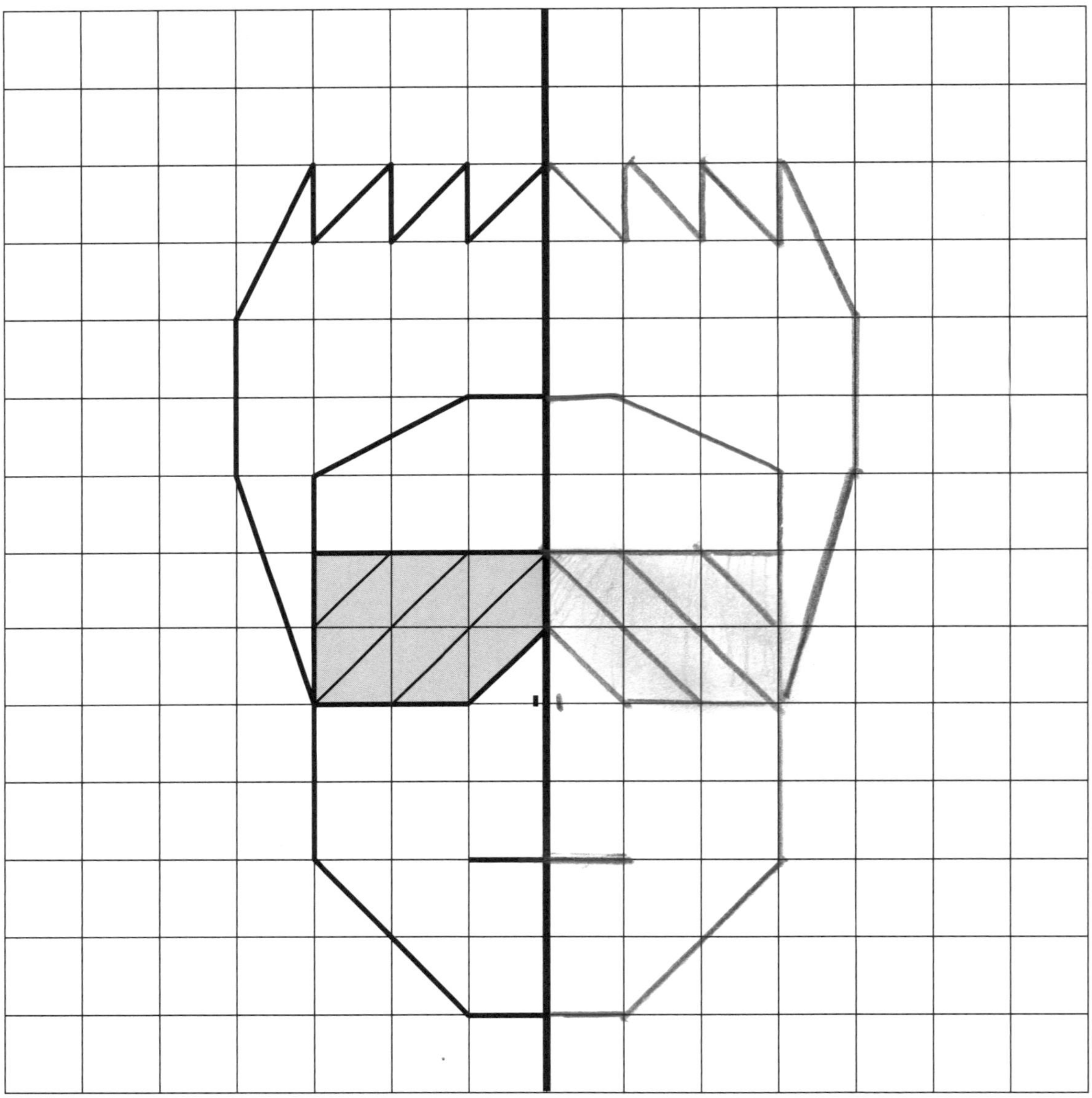

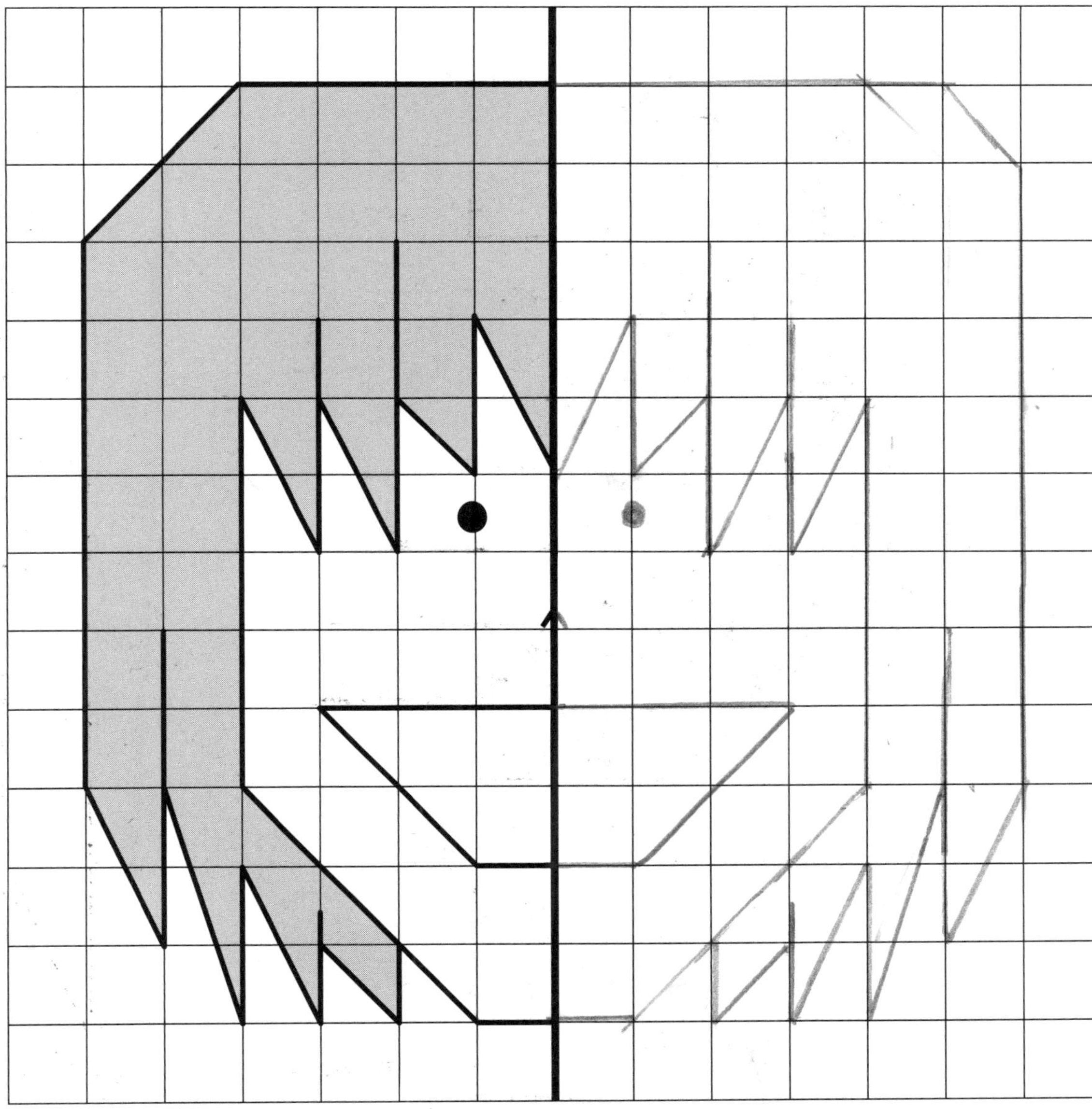

3

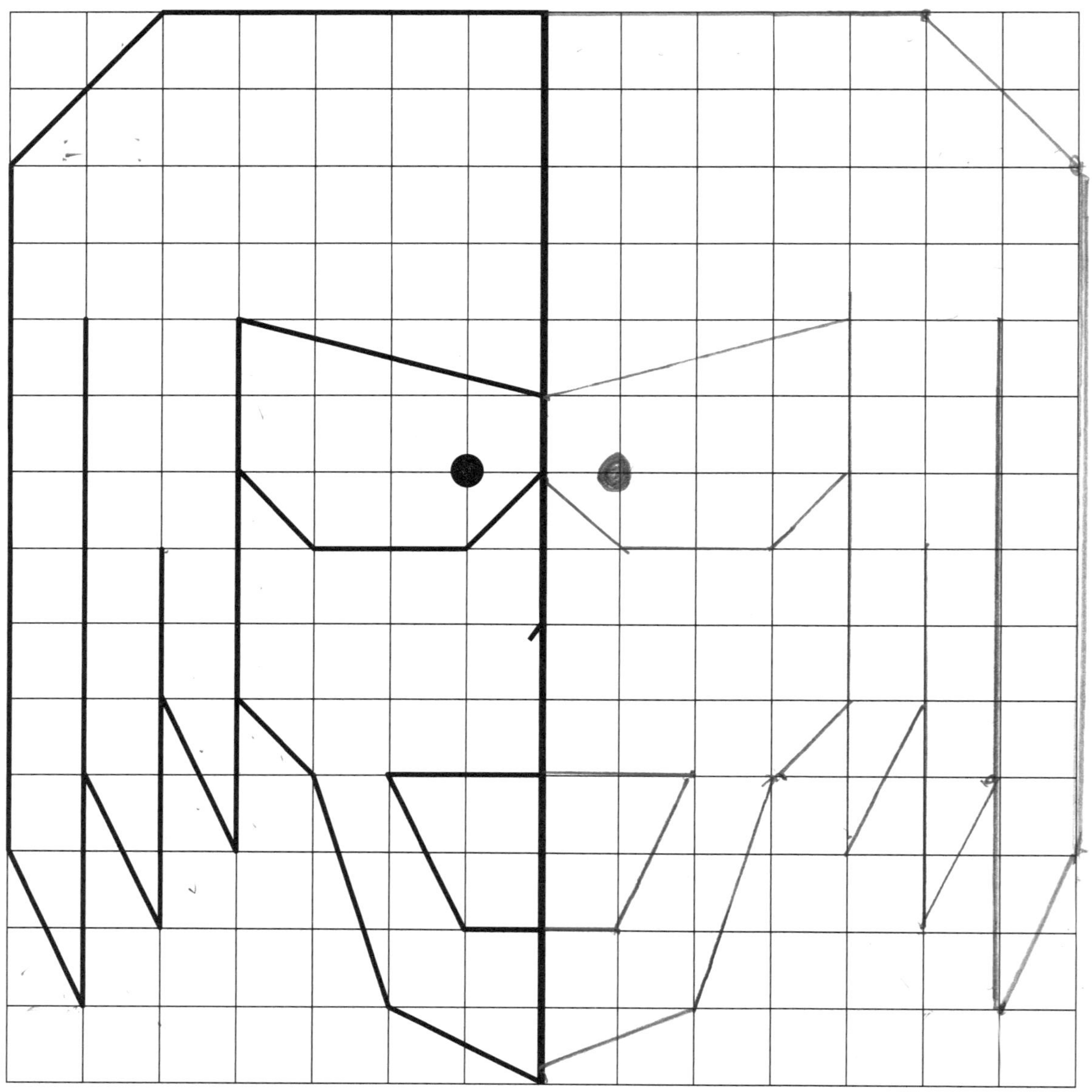

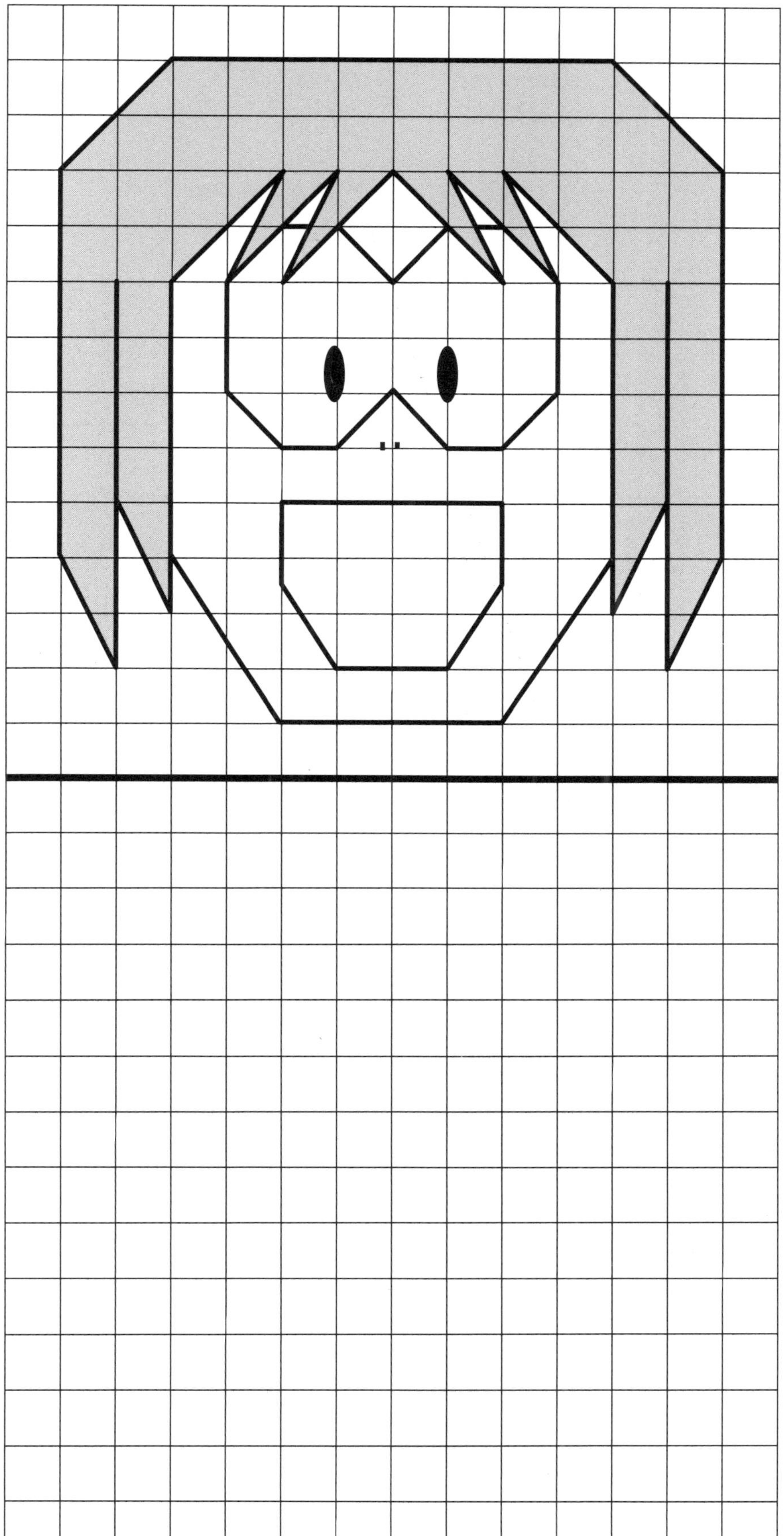

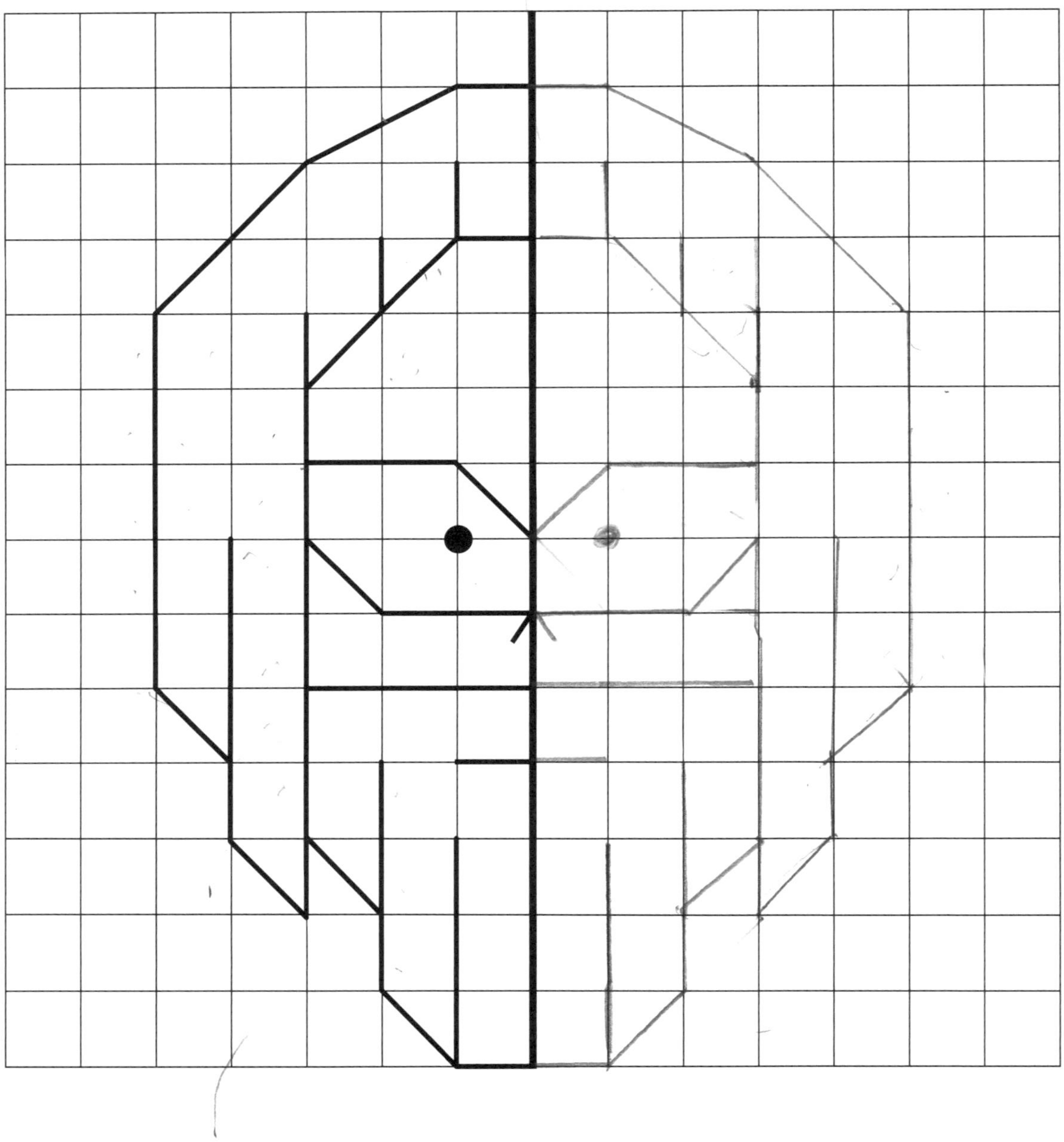

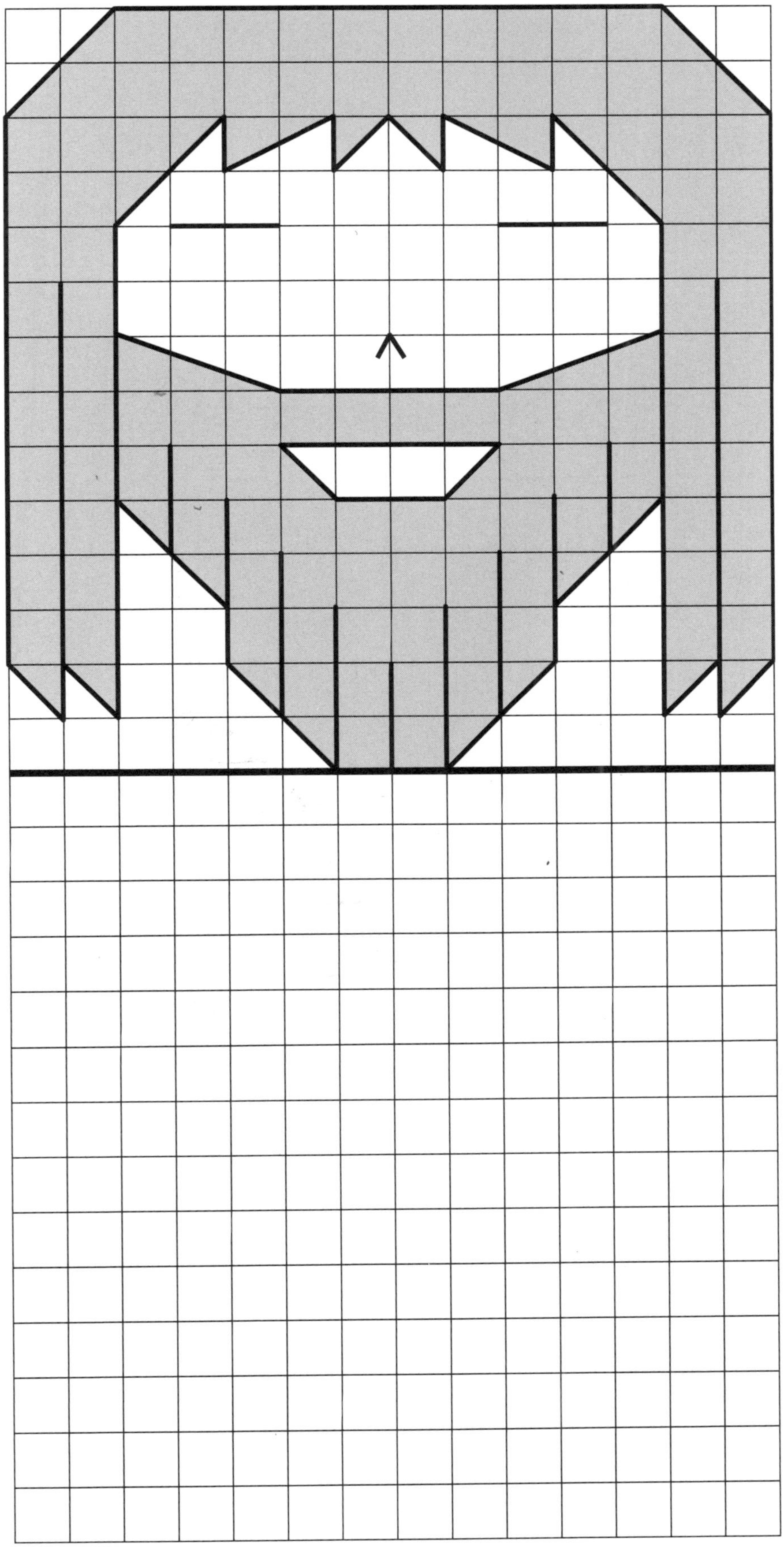

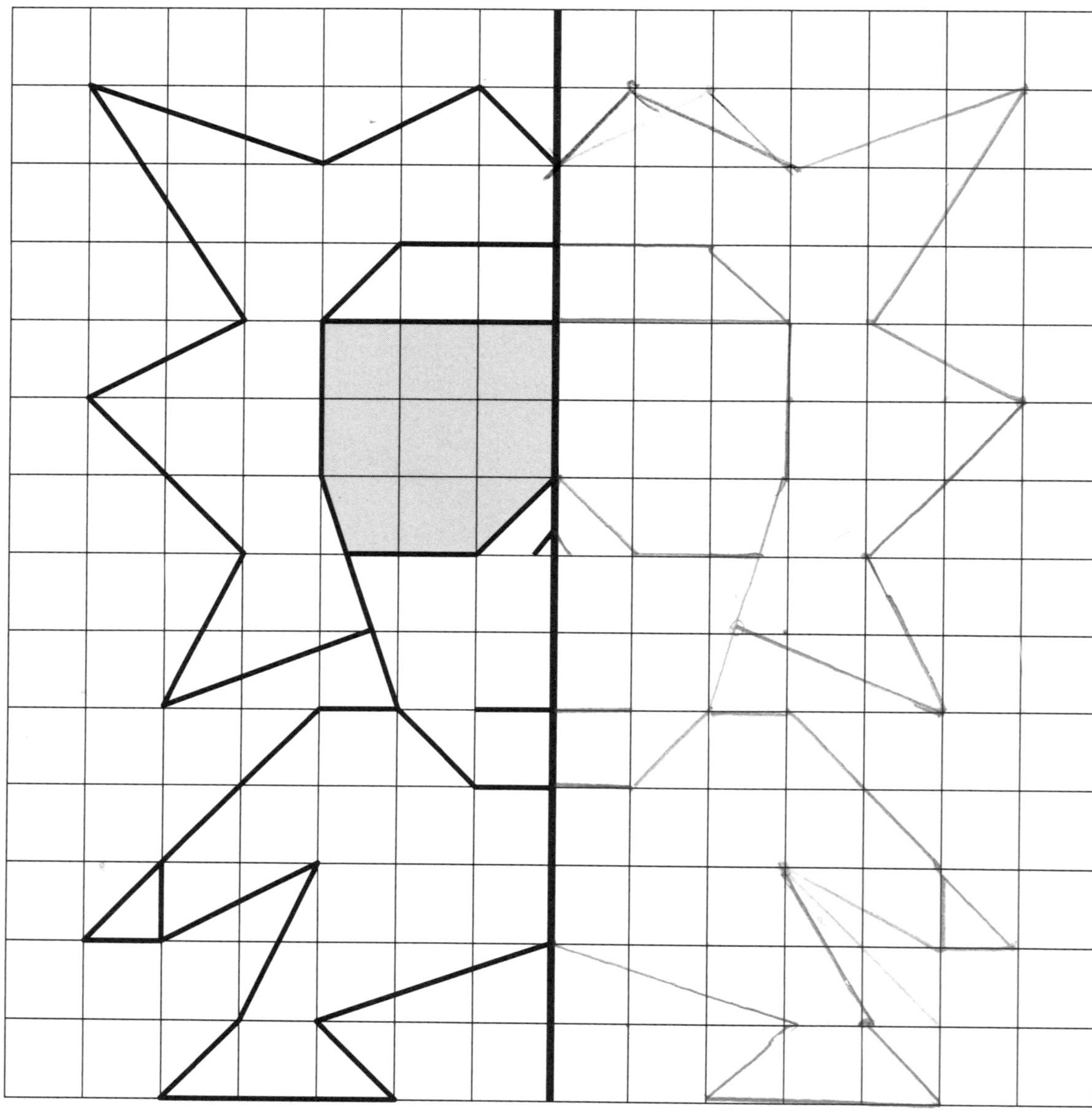

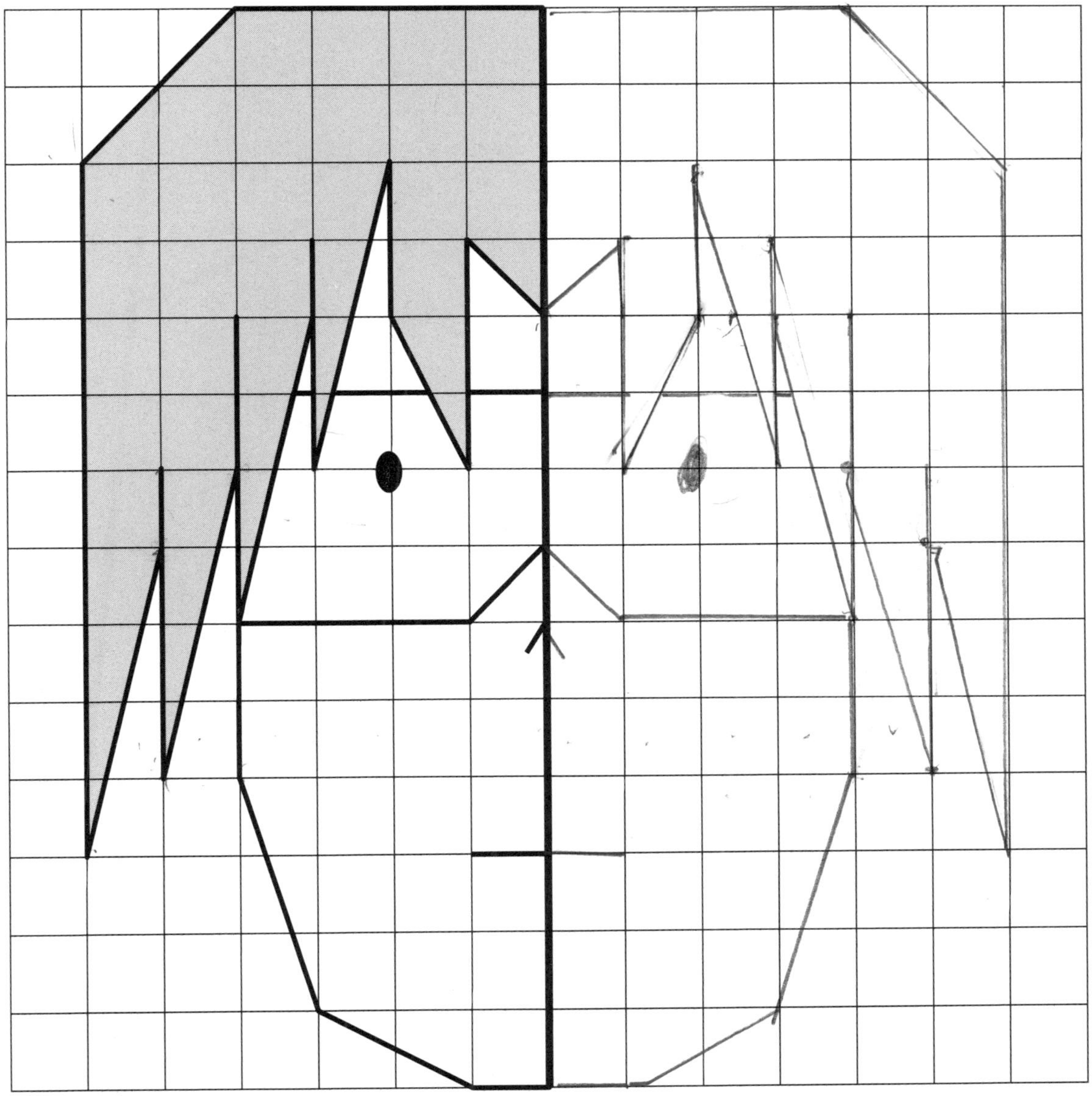

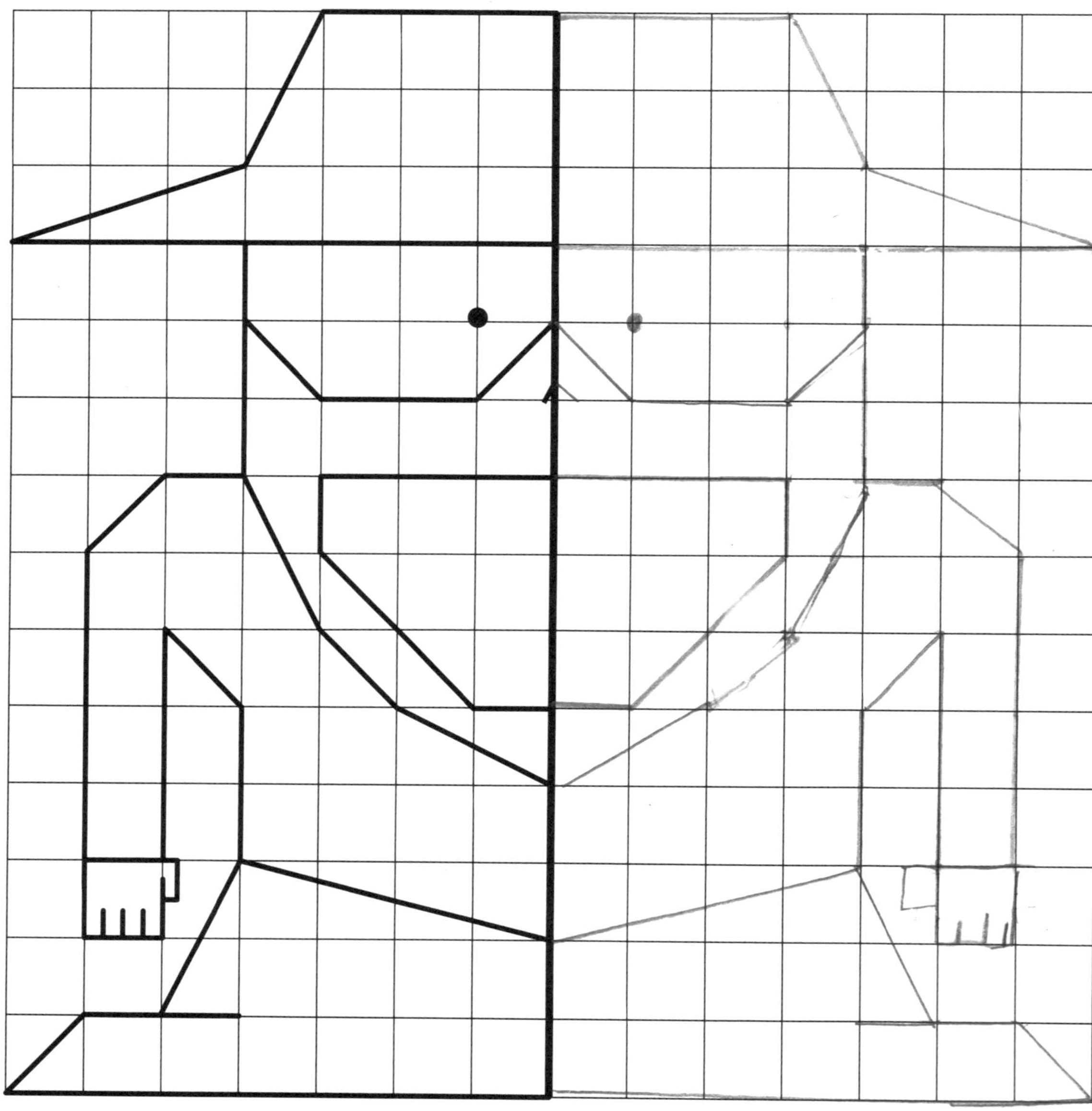

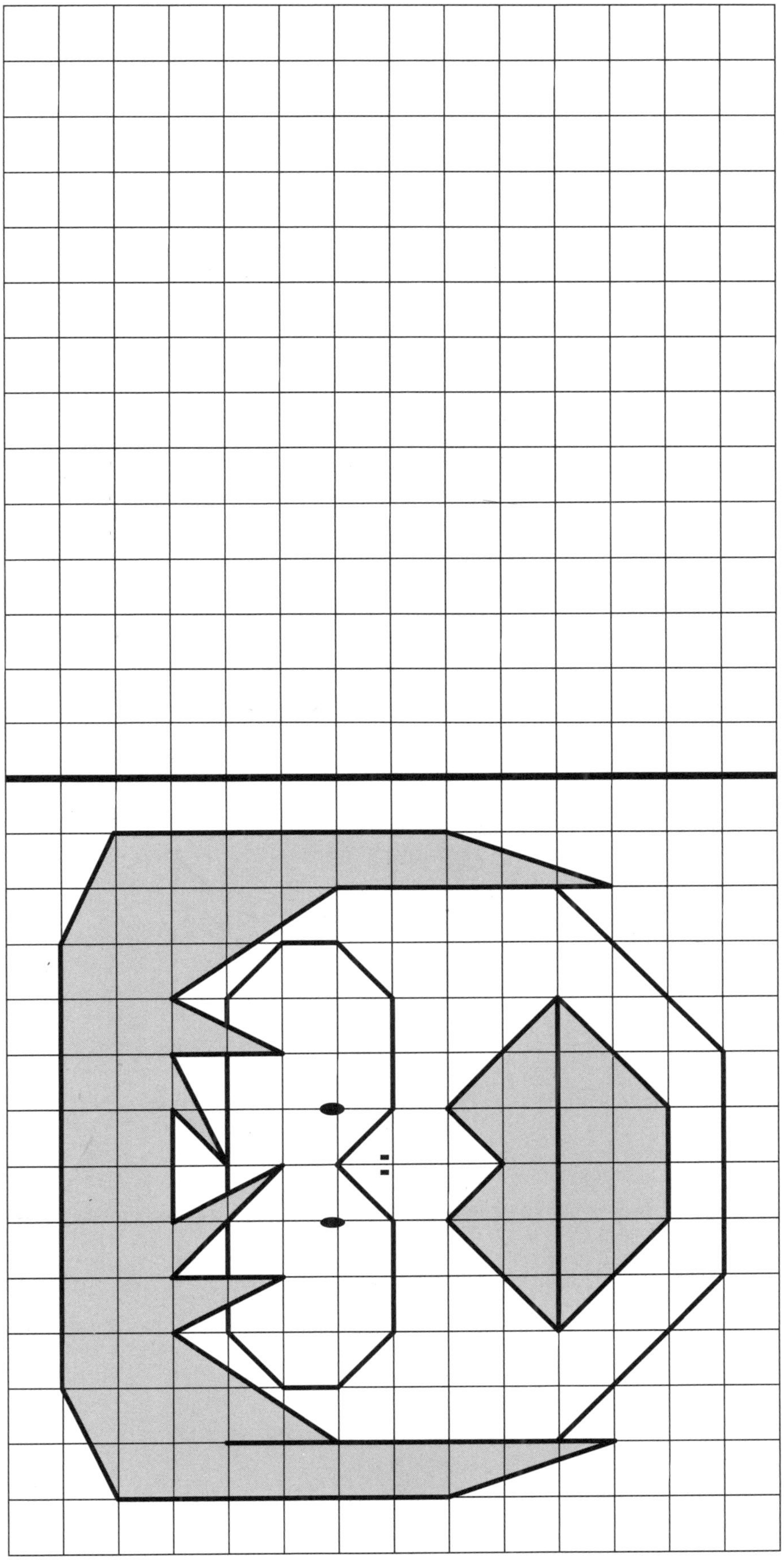

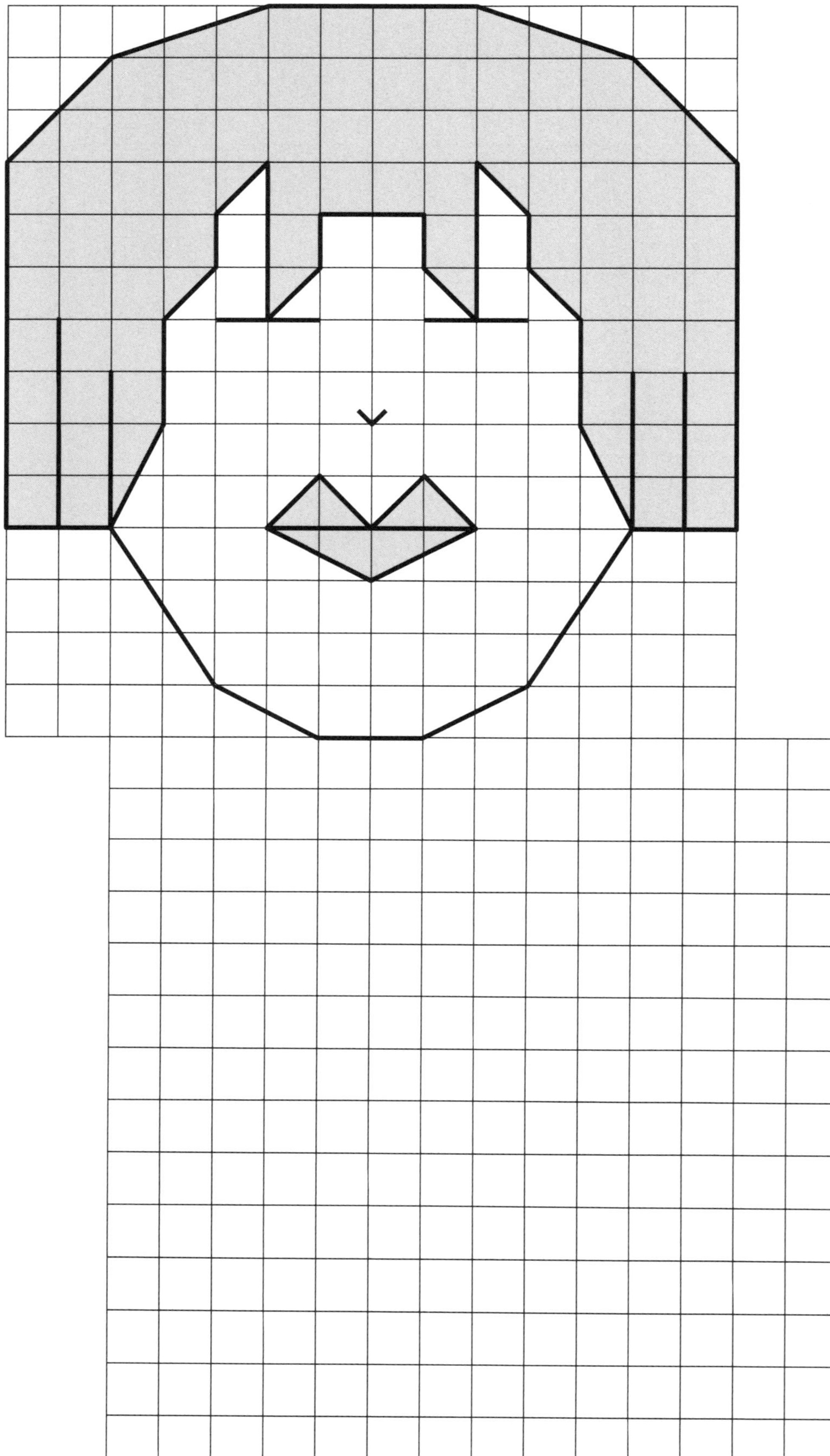

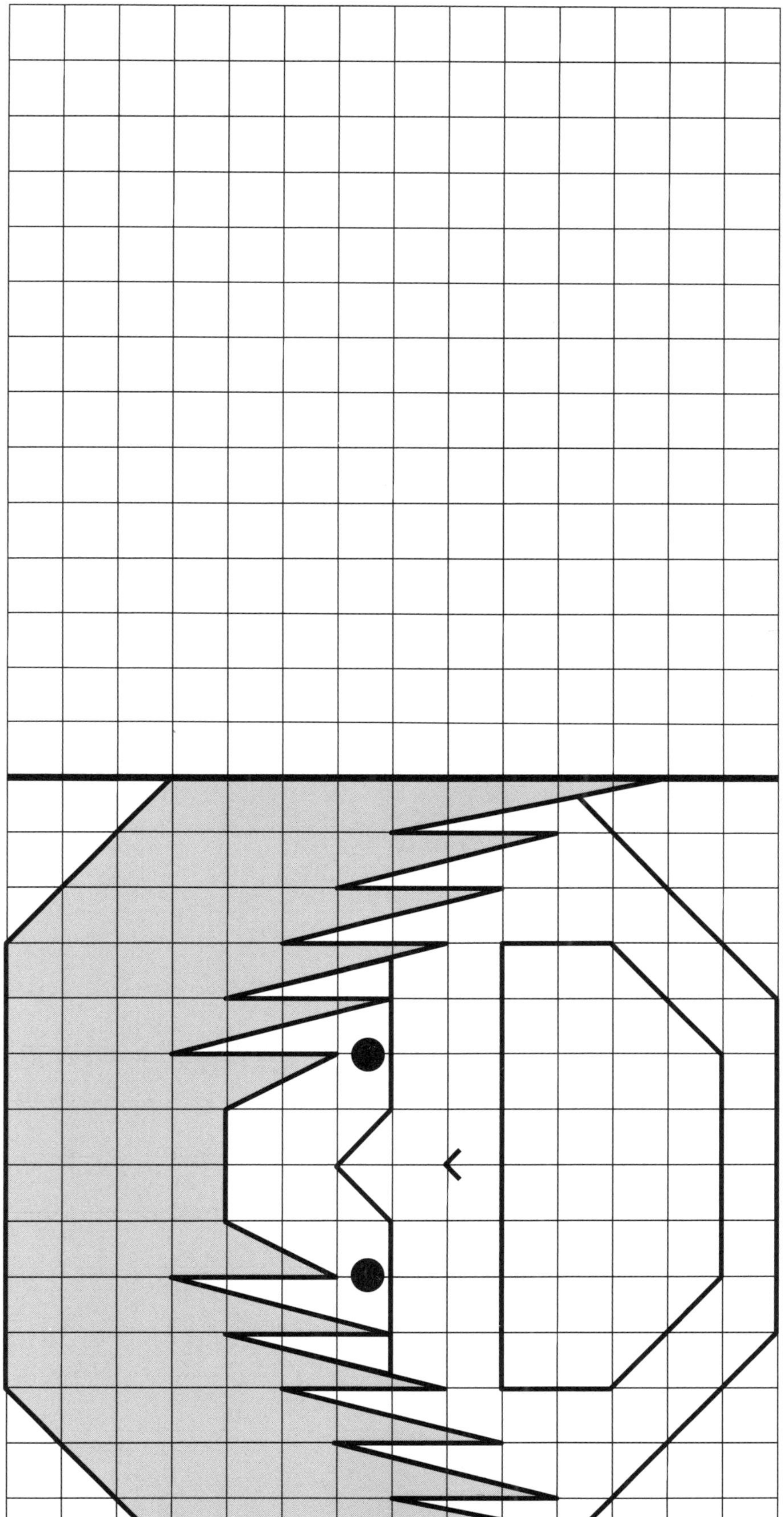

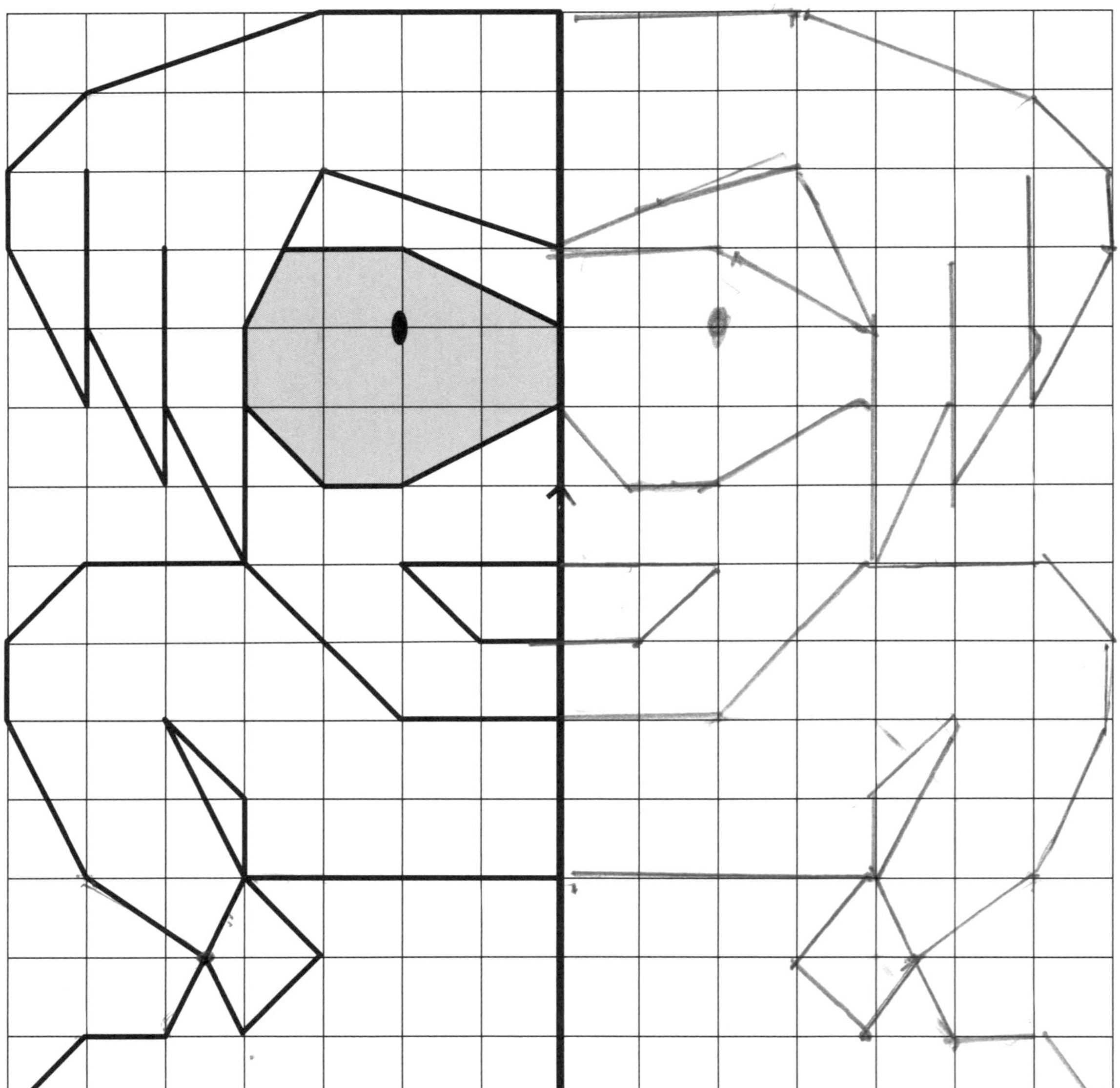

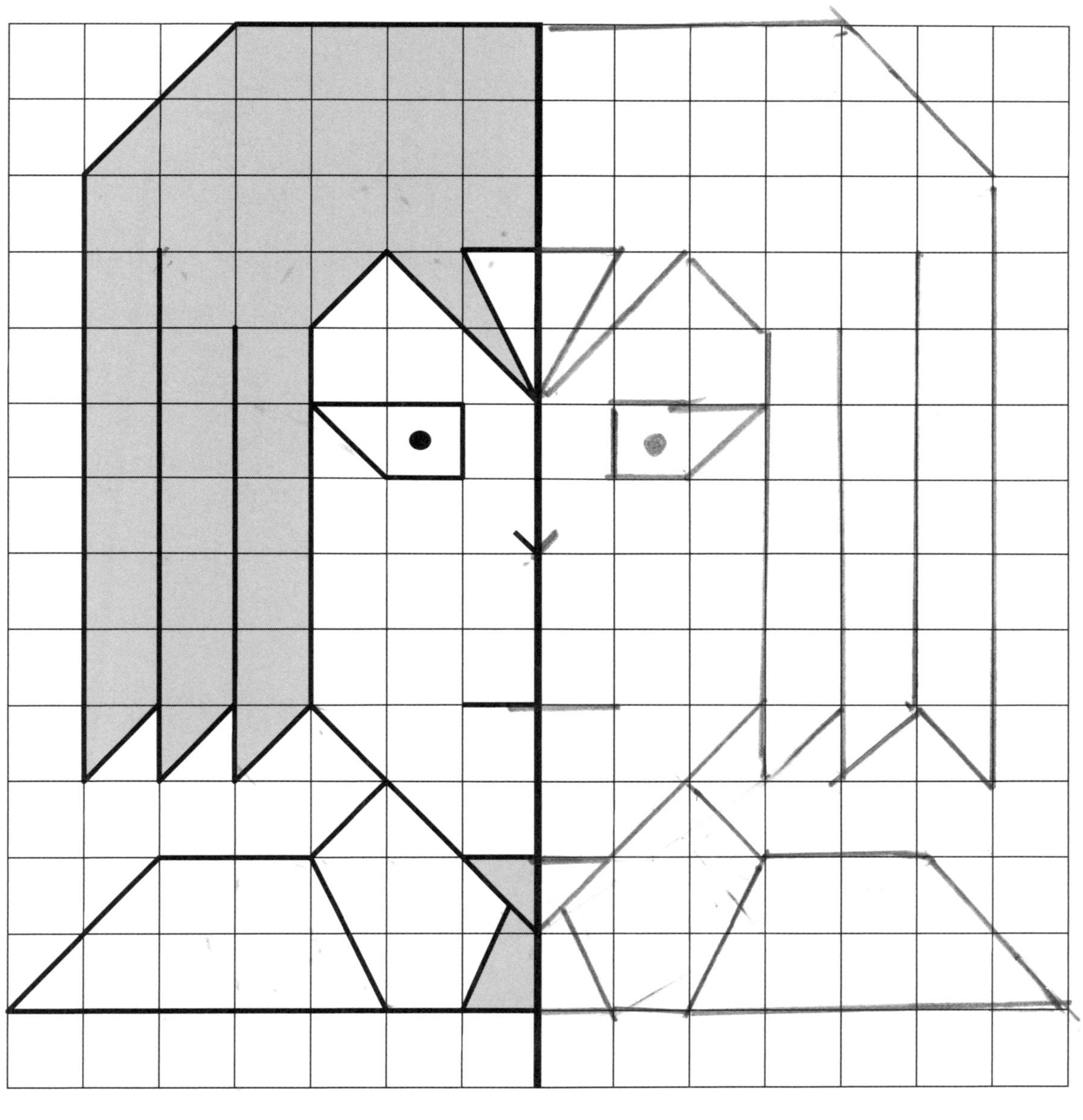

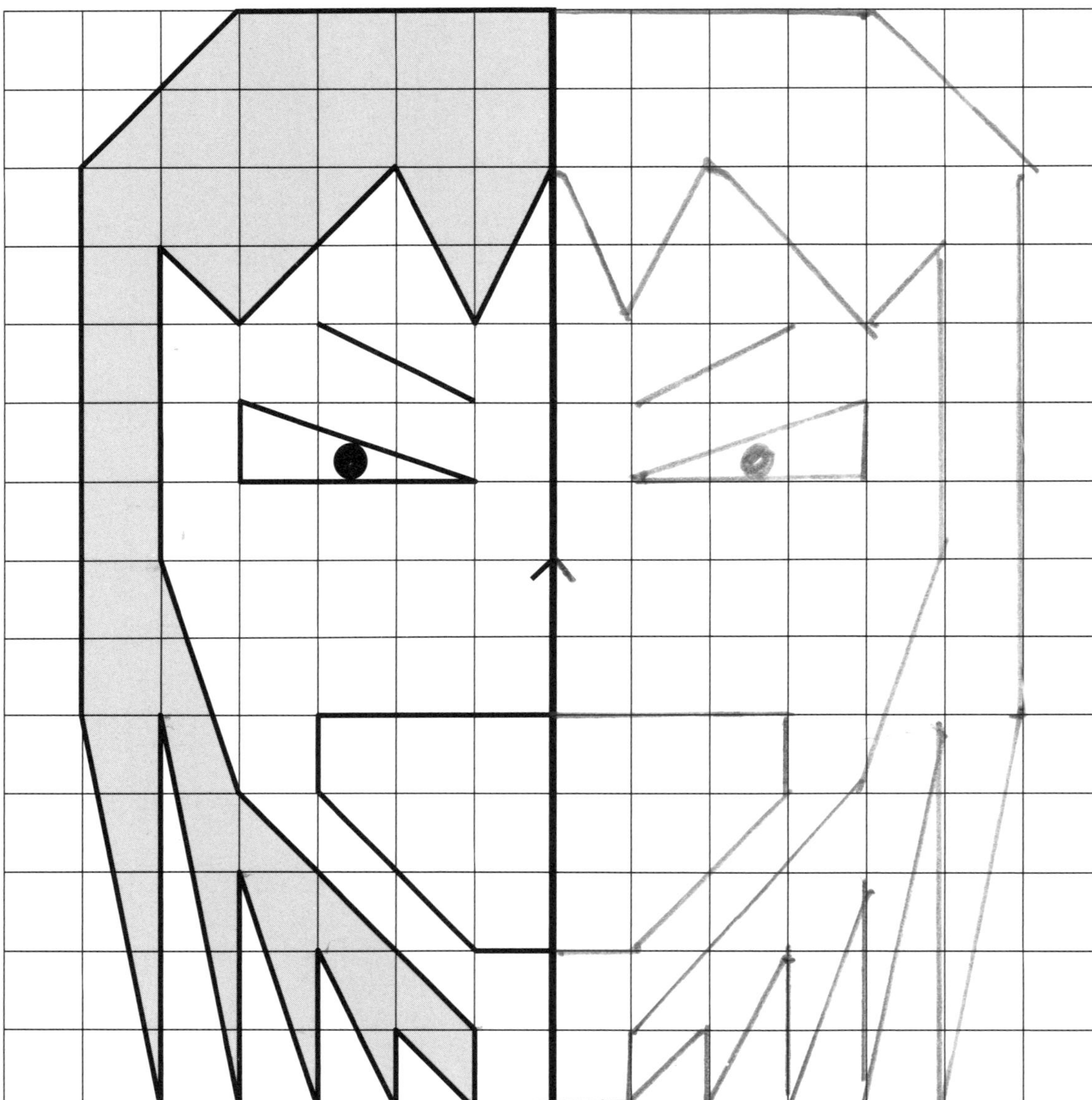

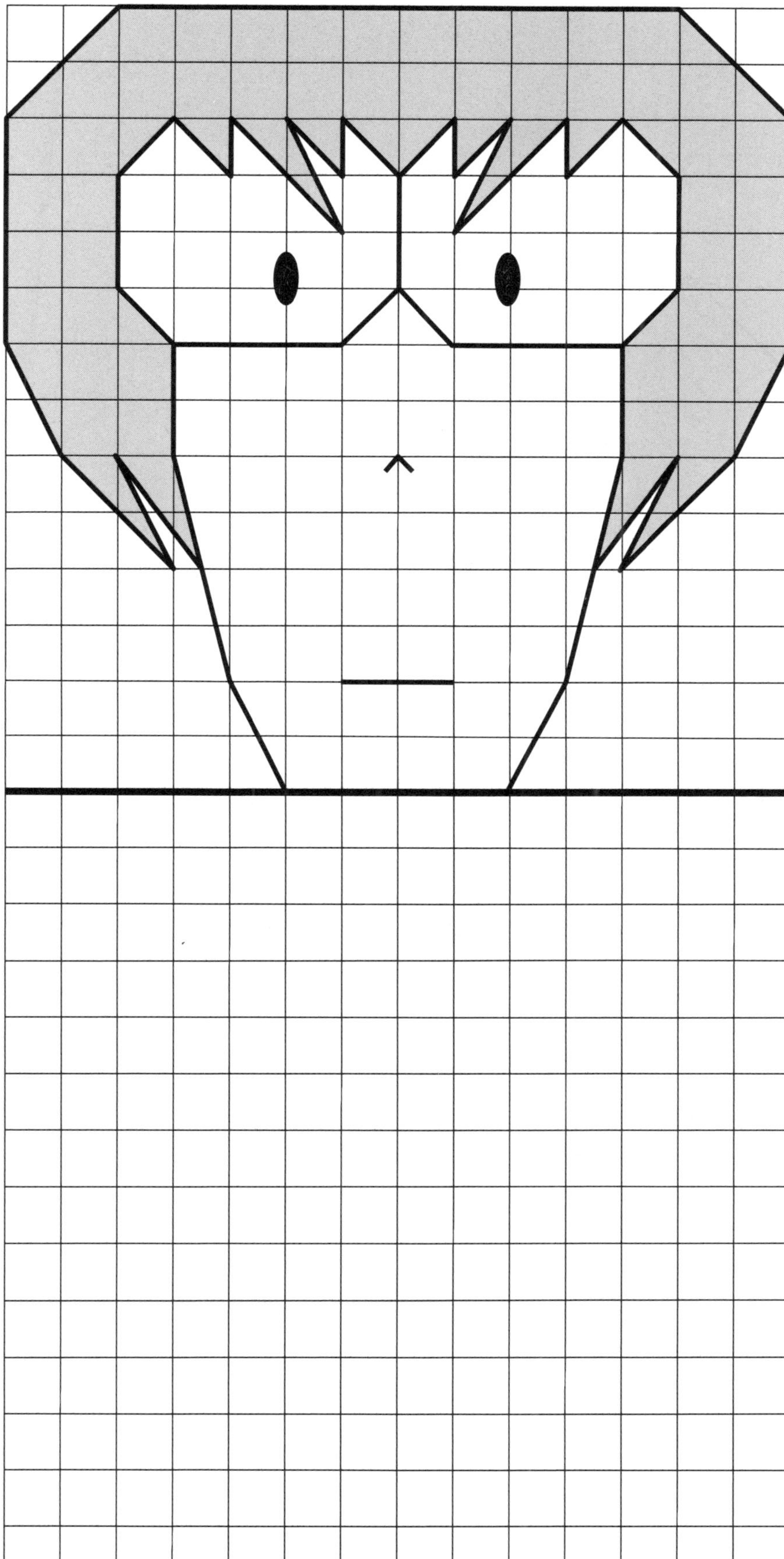

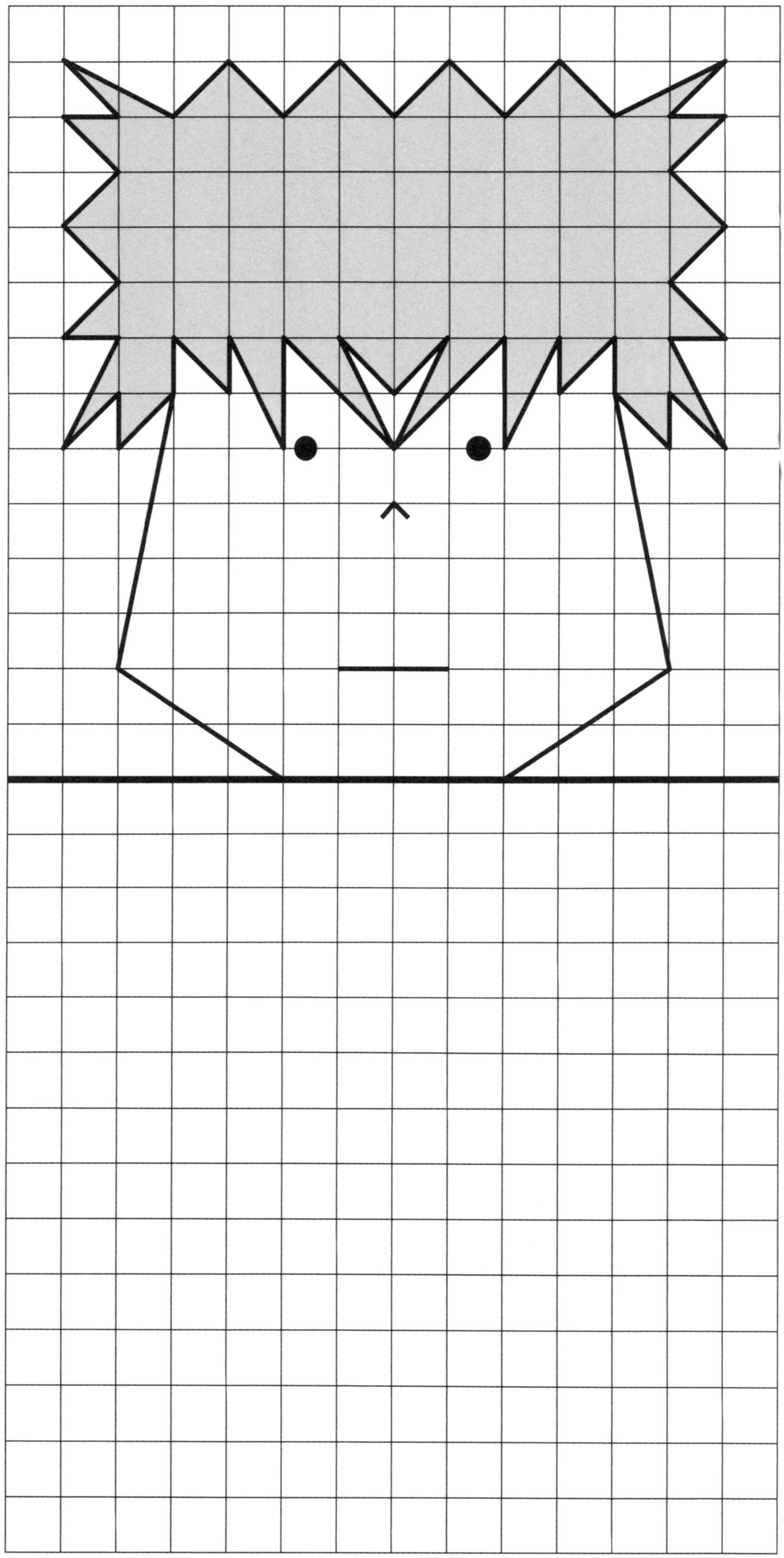

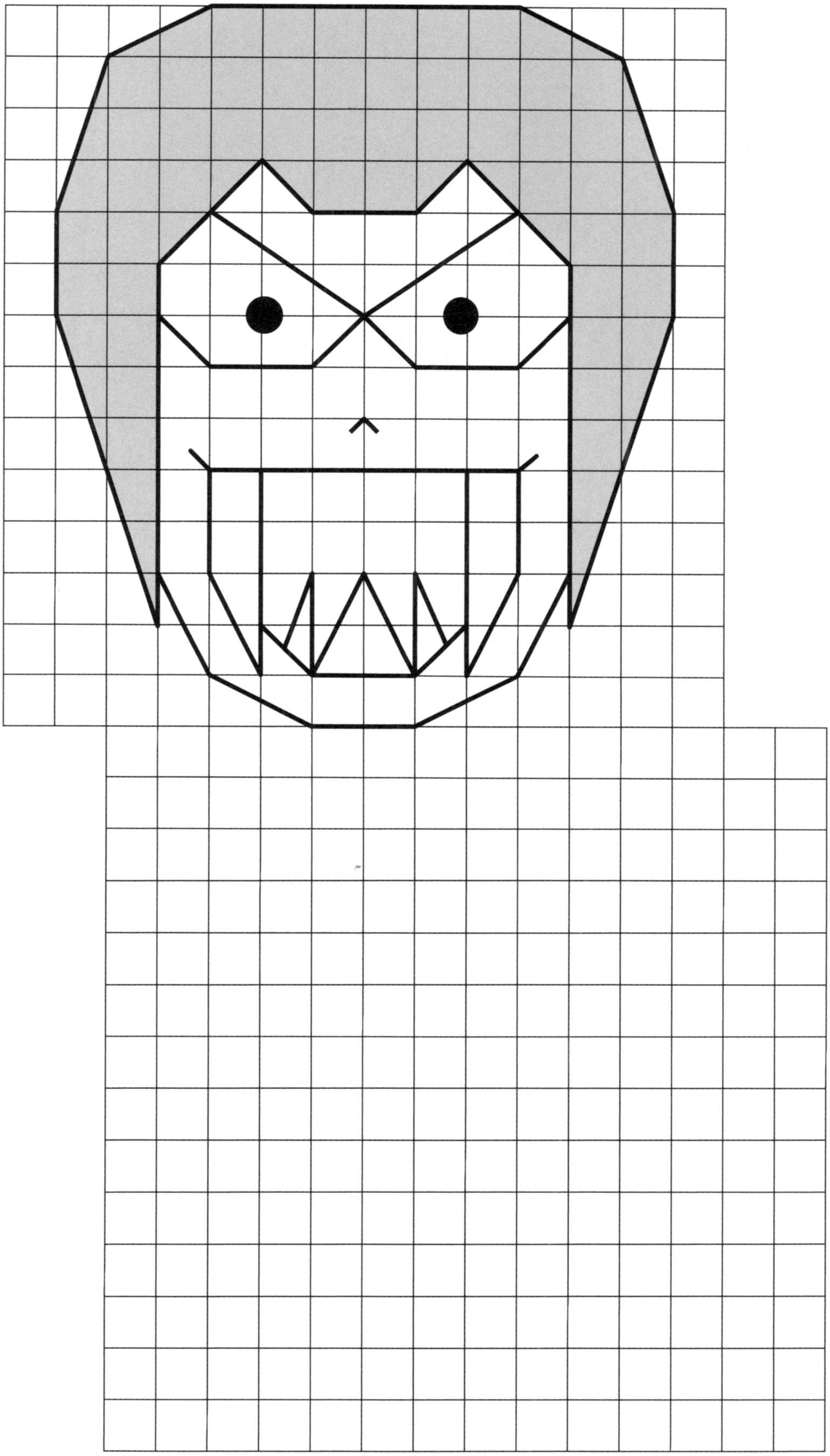

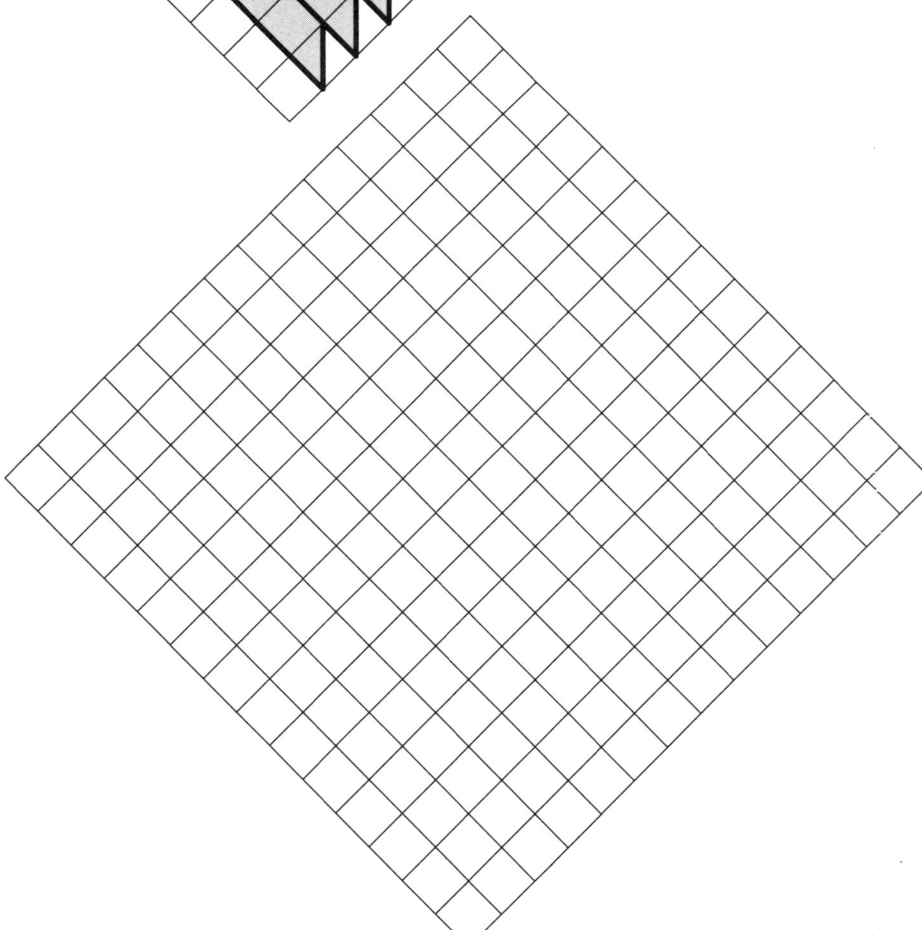

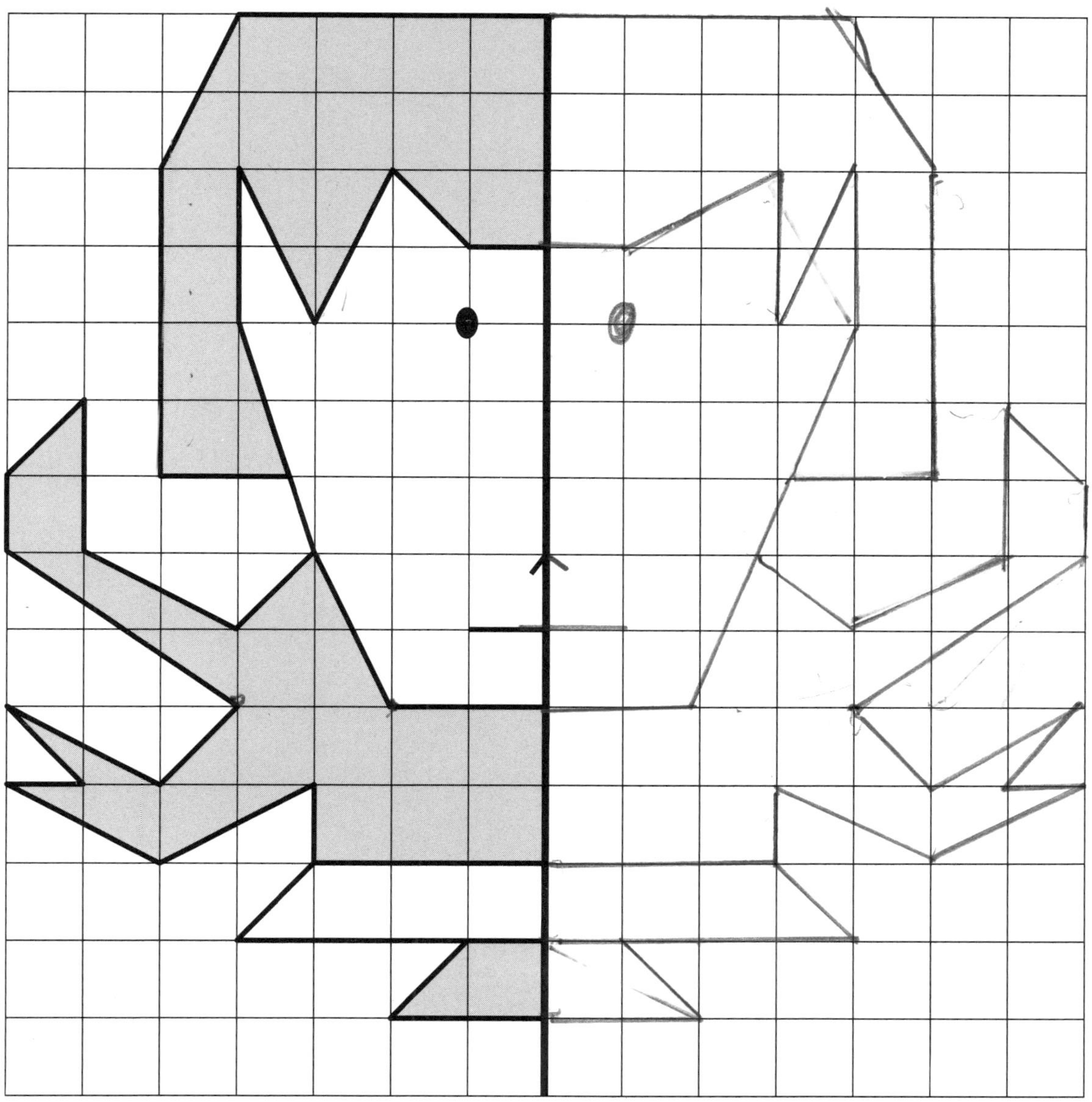

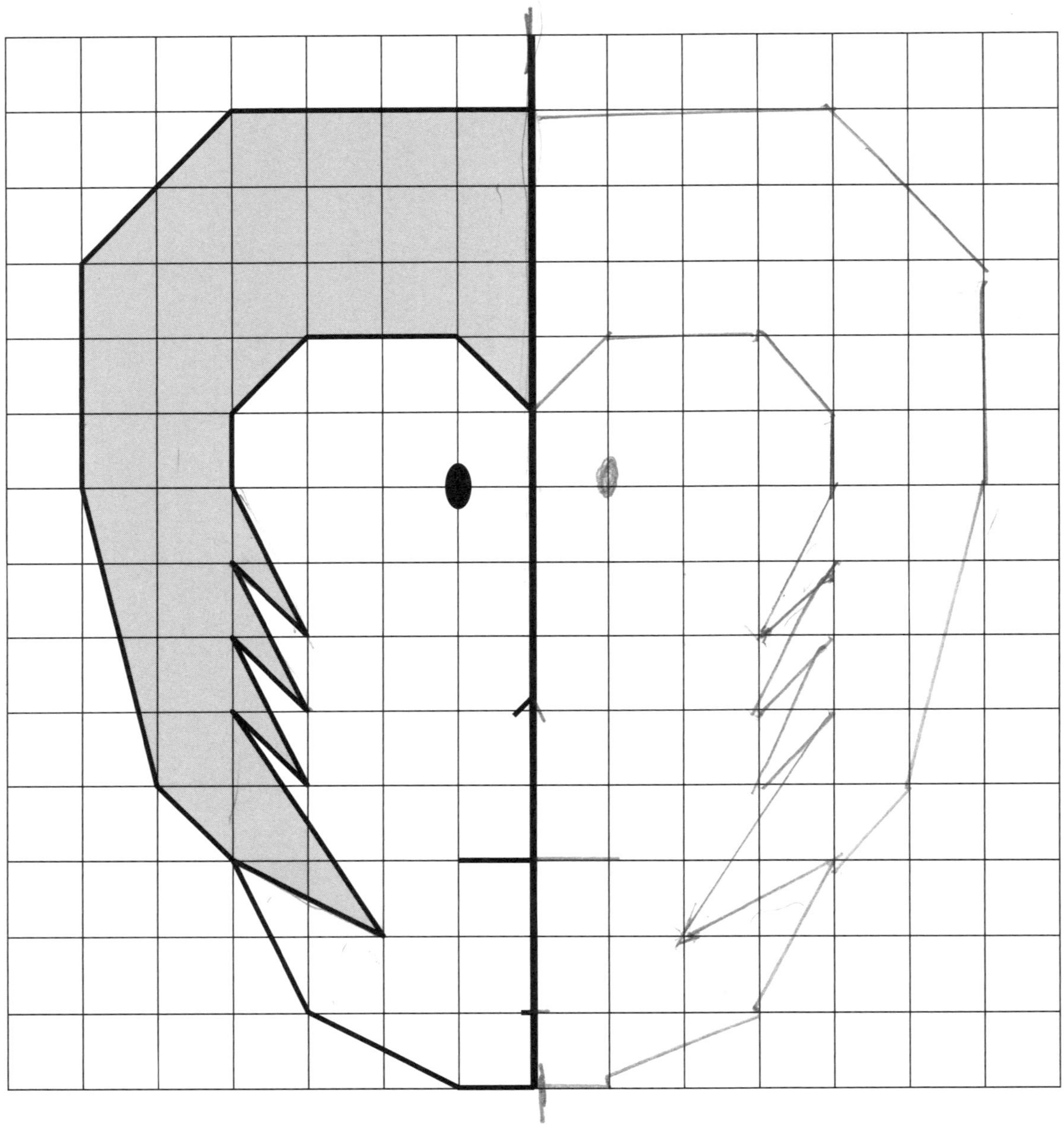

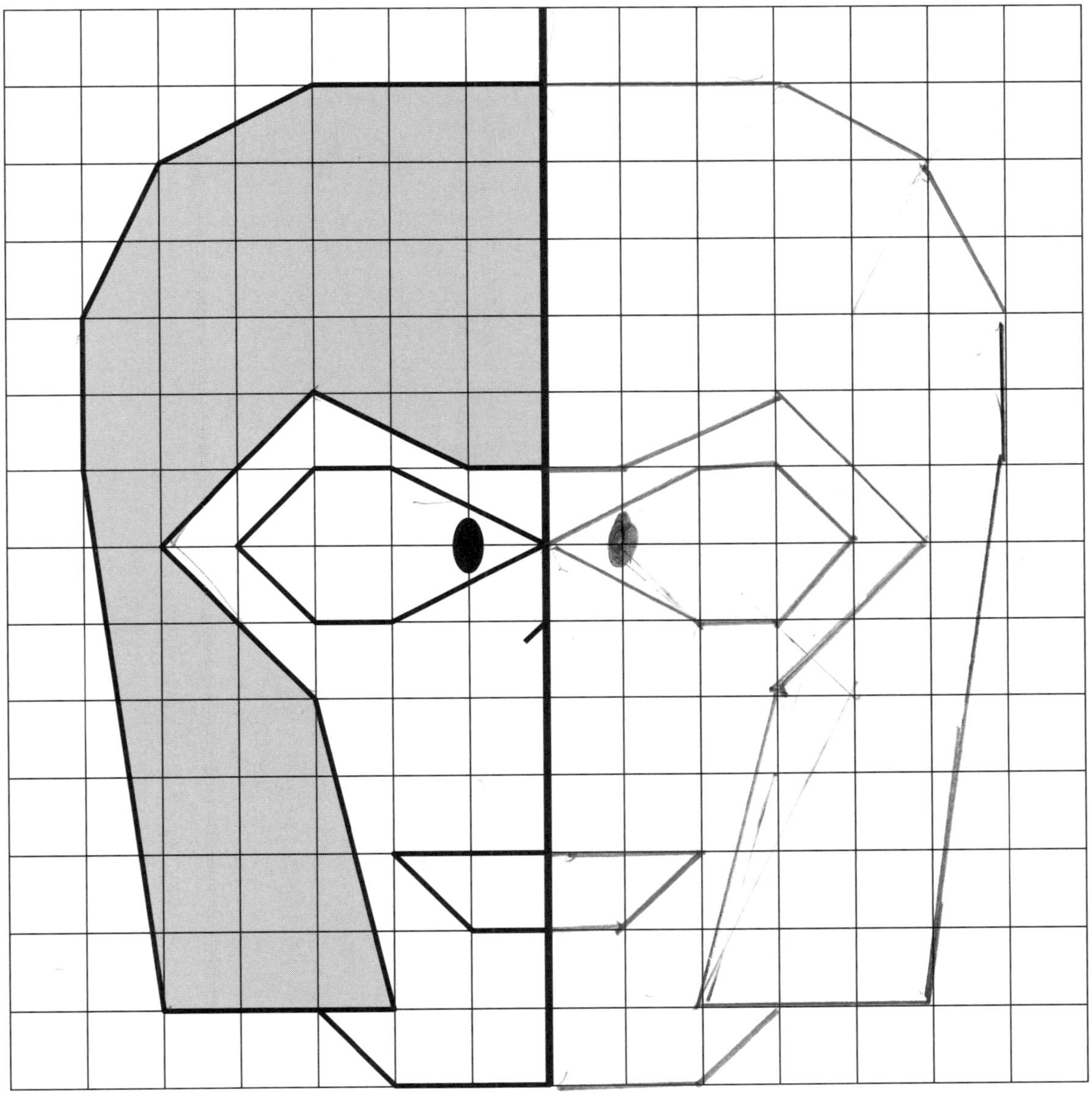

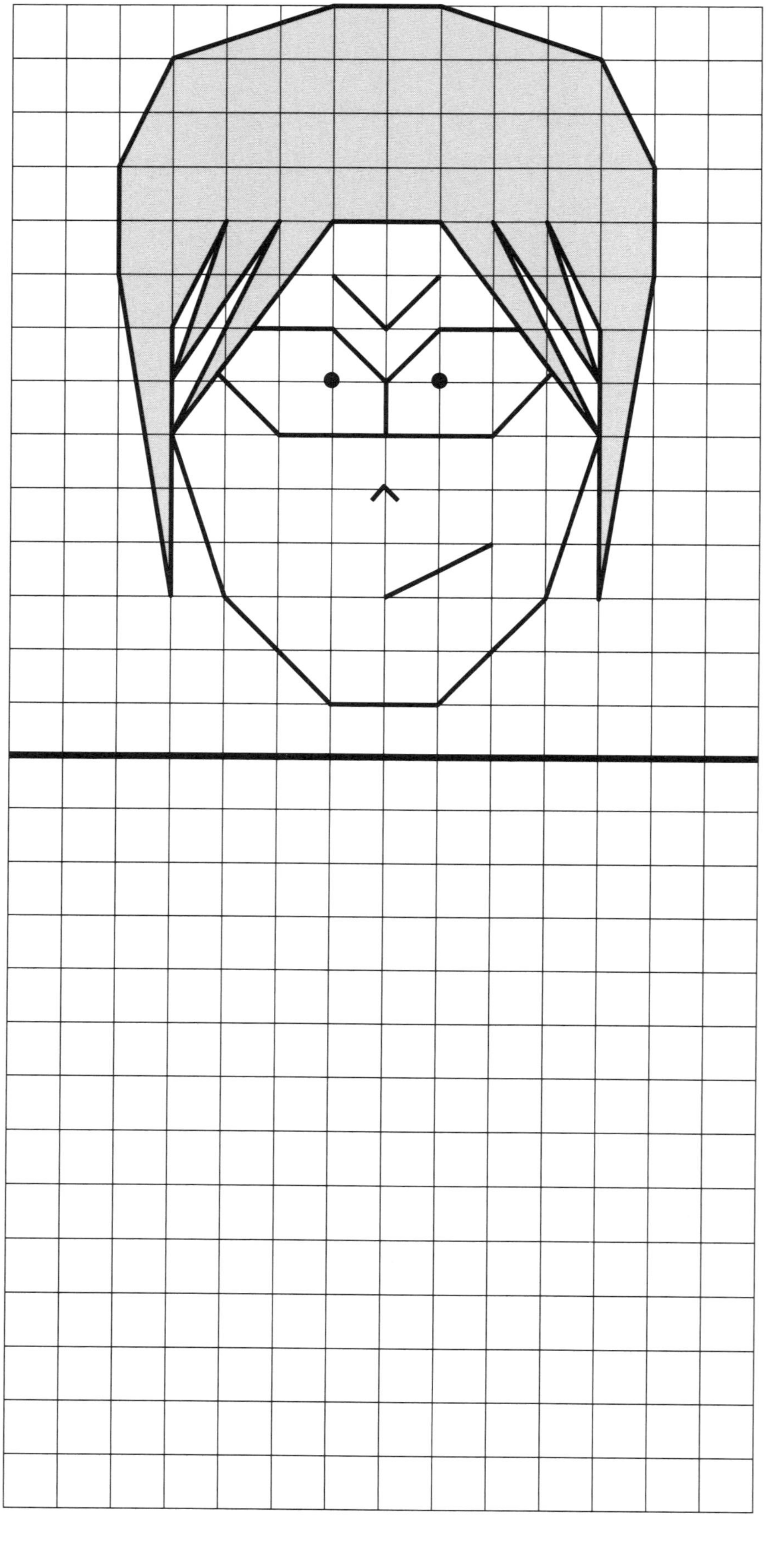

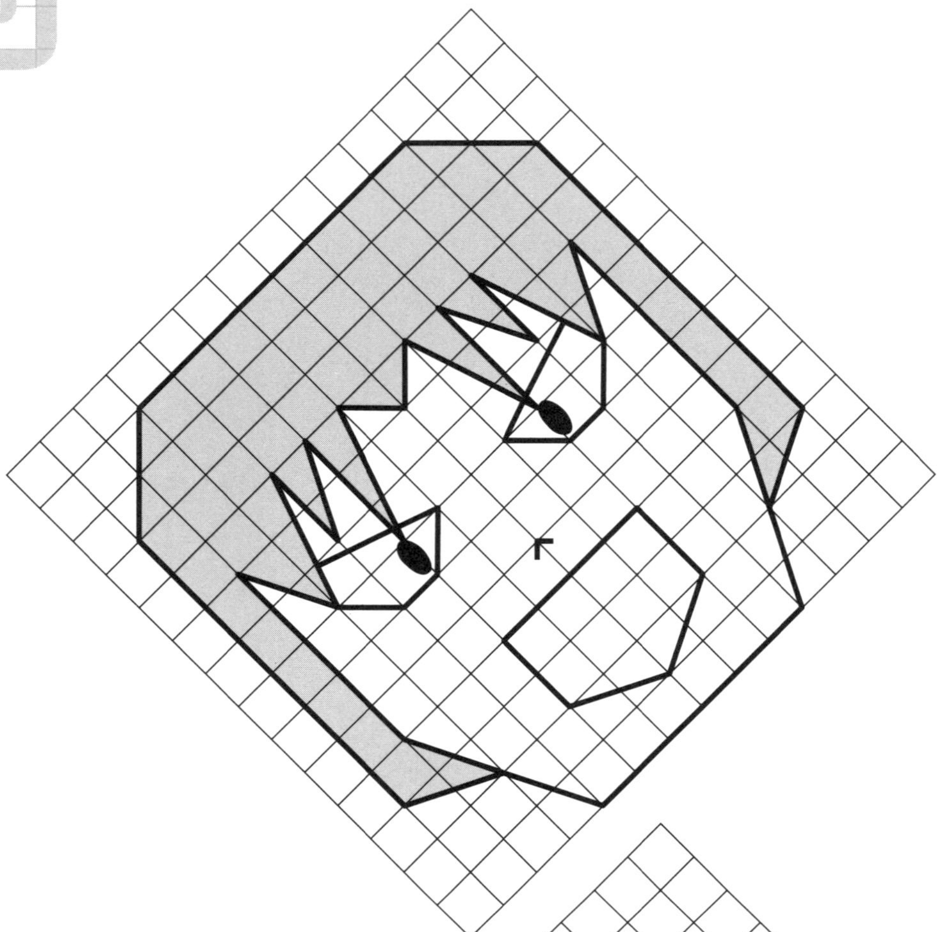

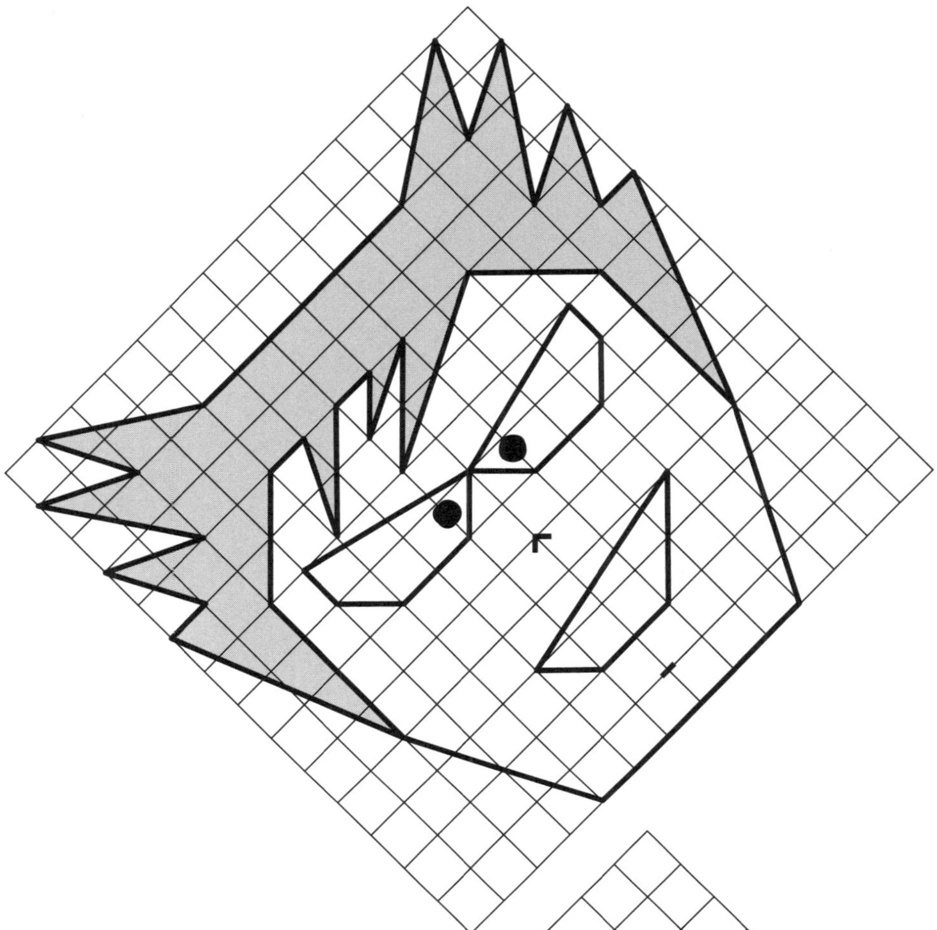

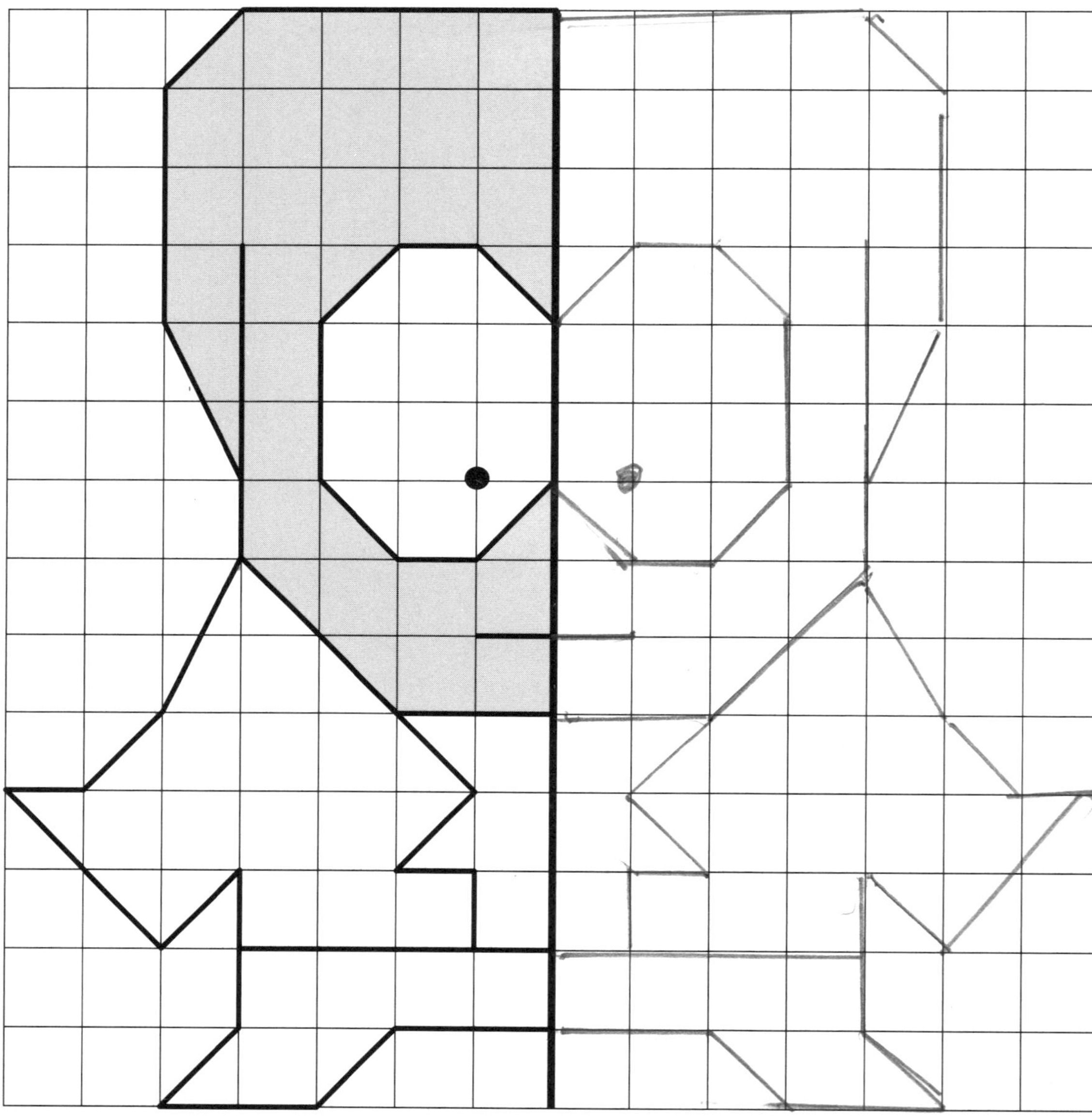

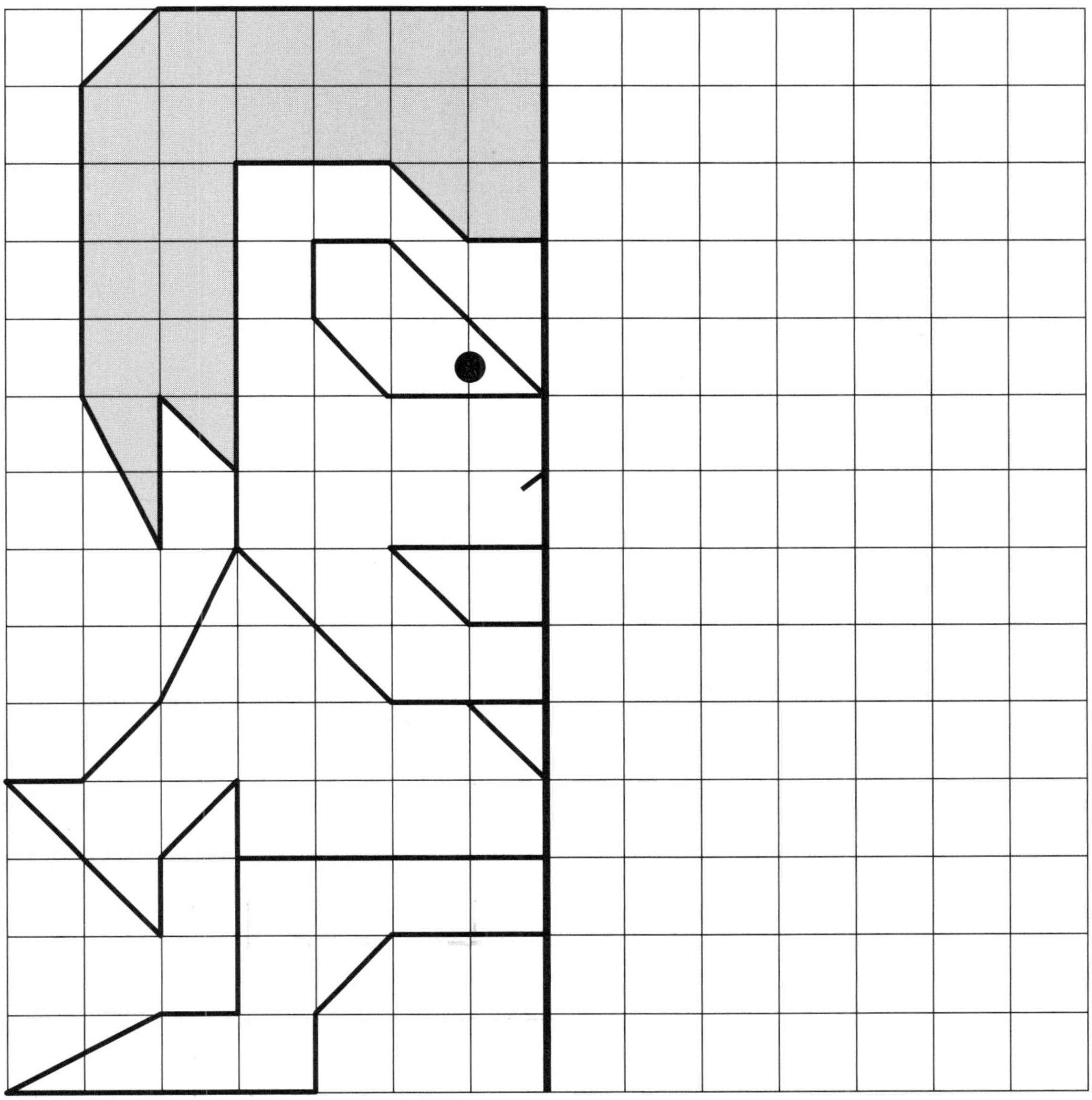

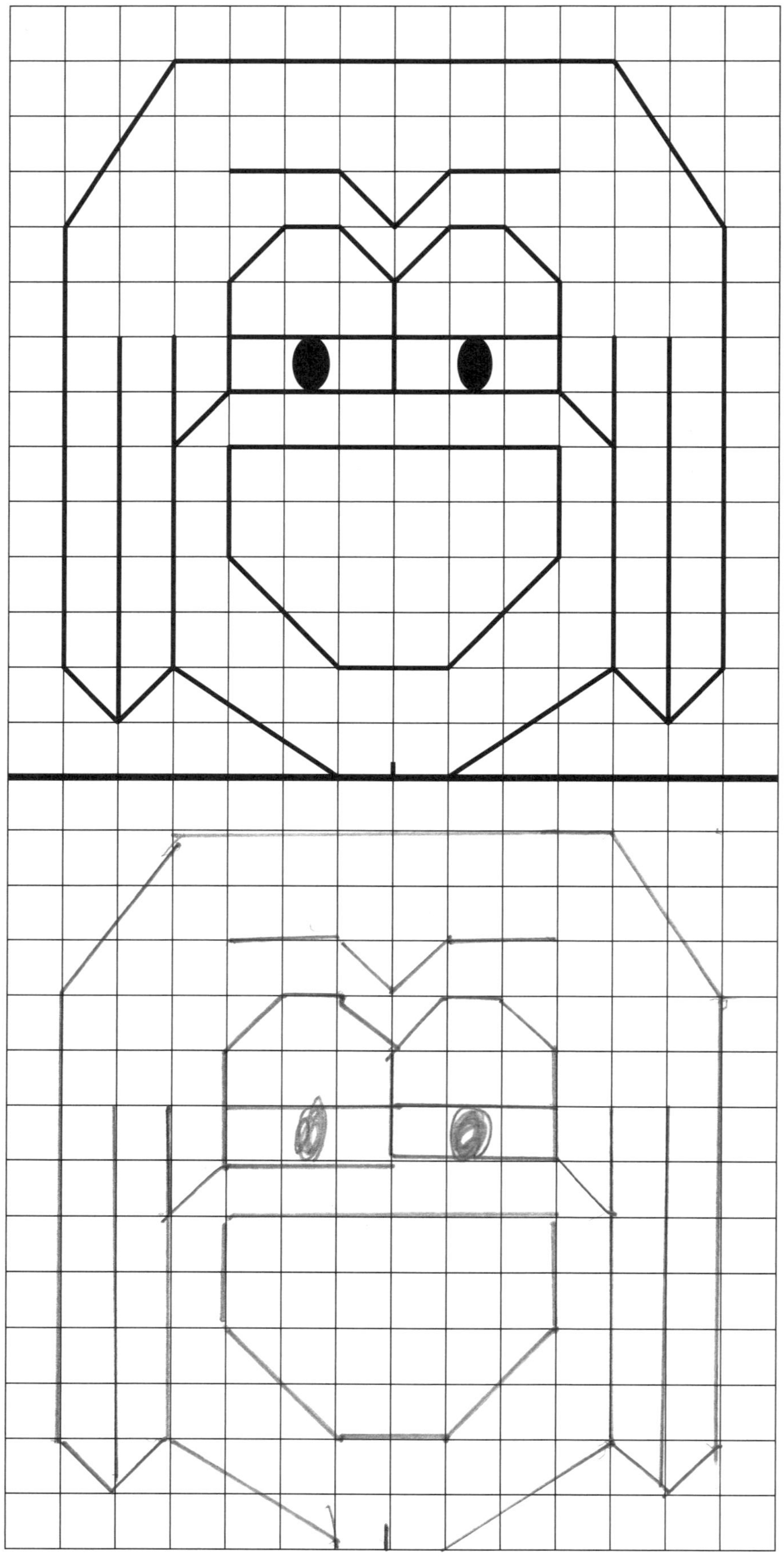

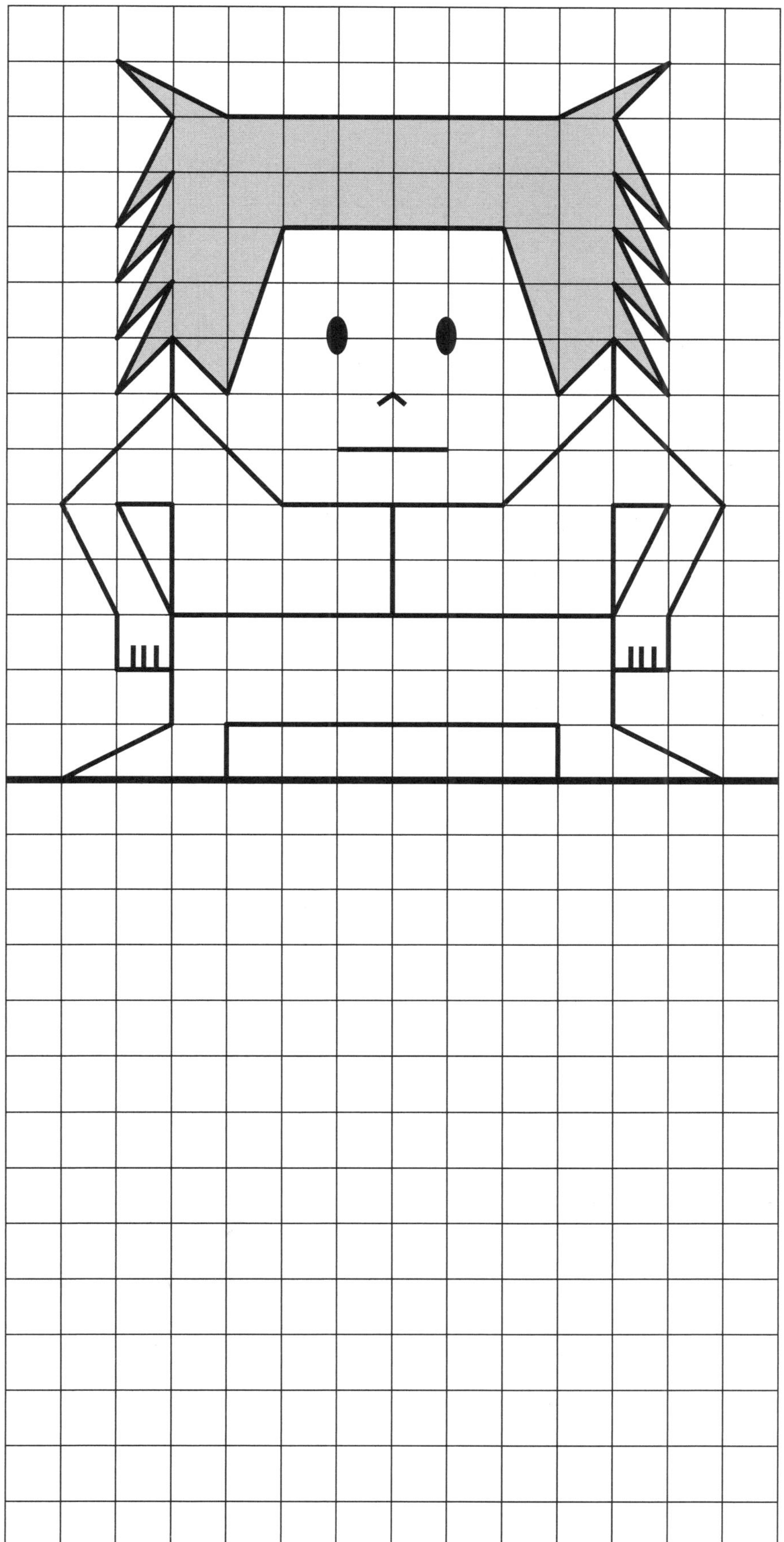

31

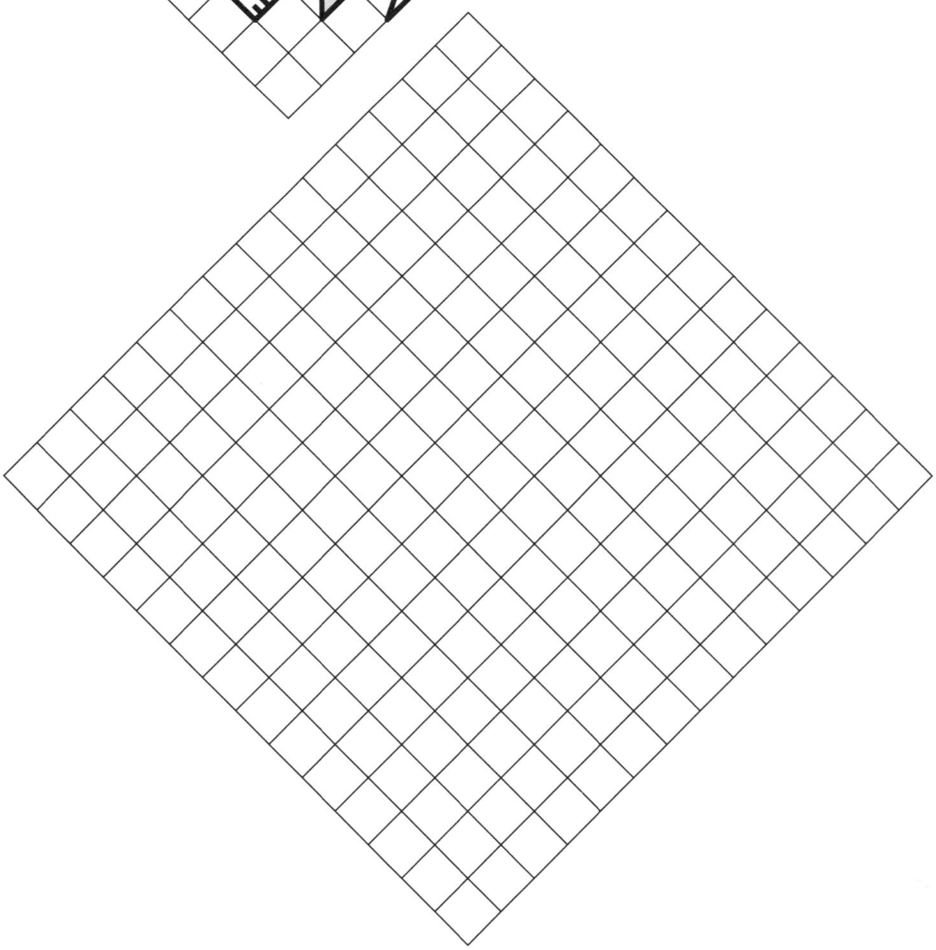

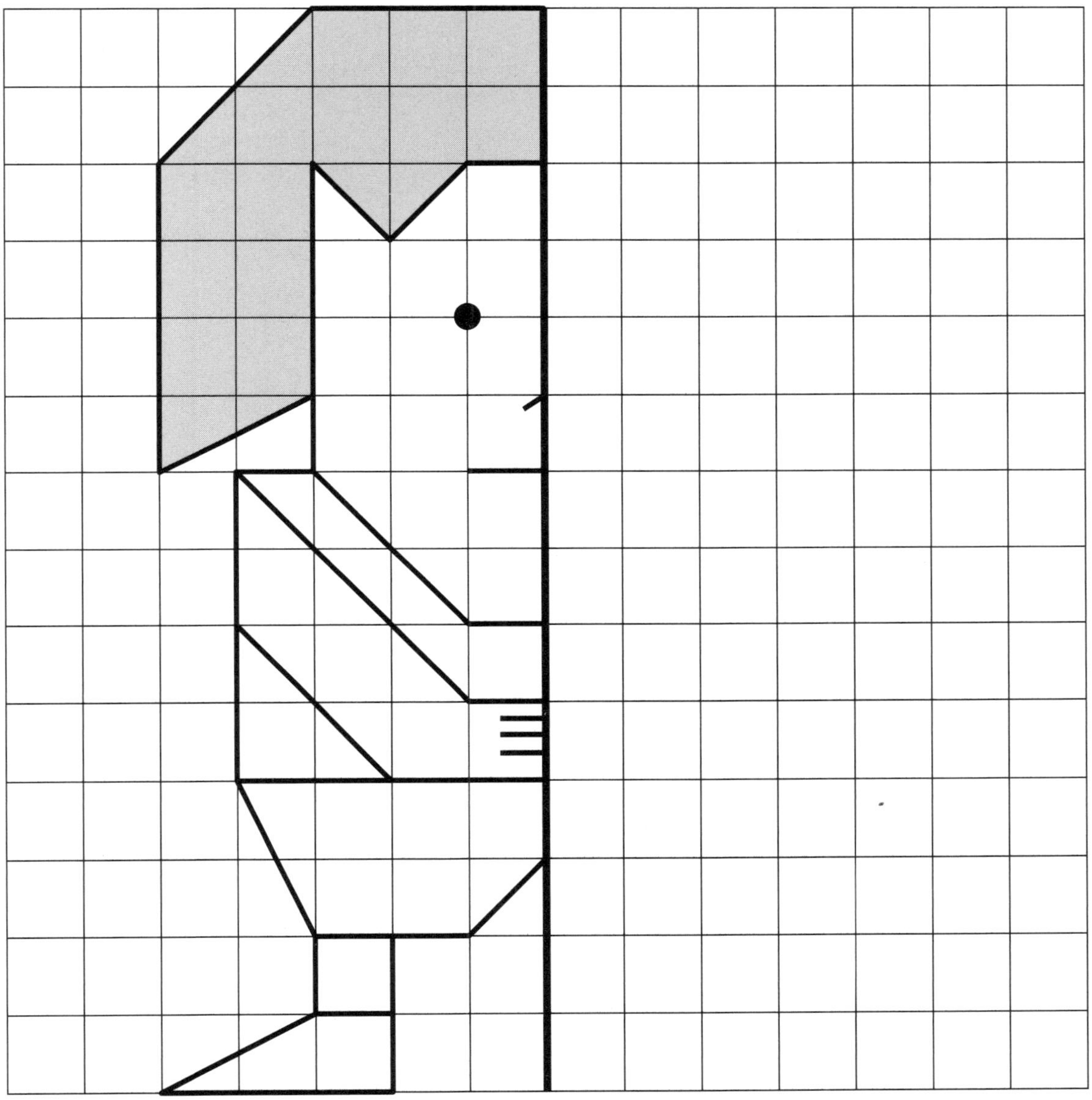

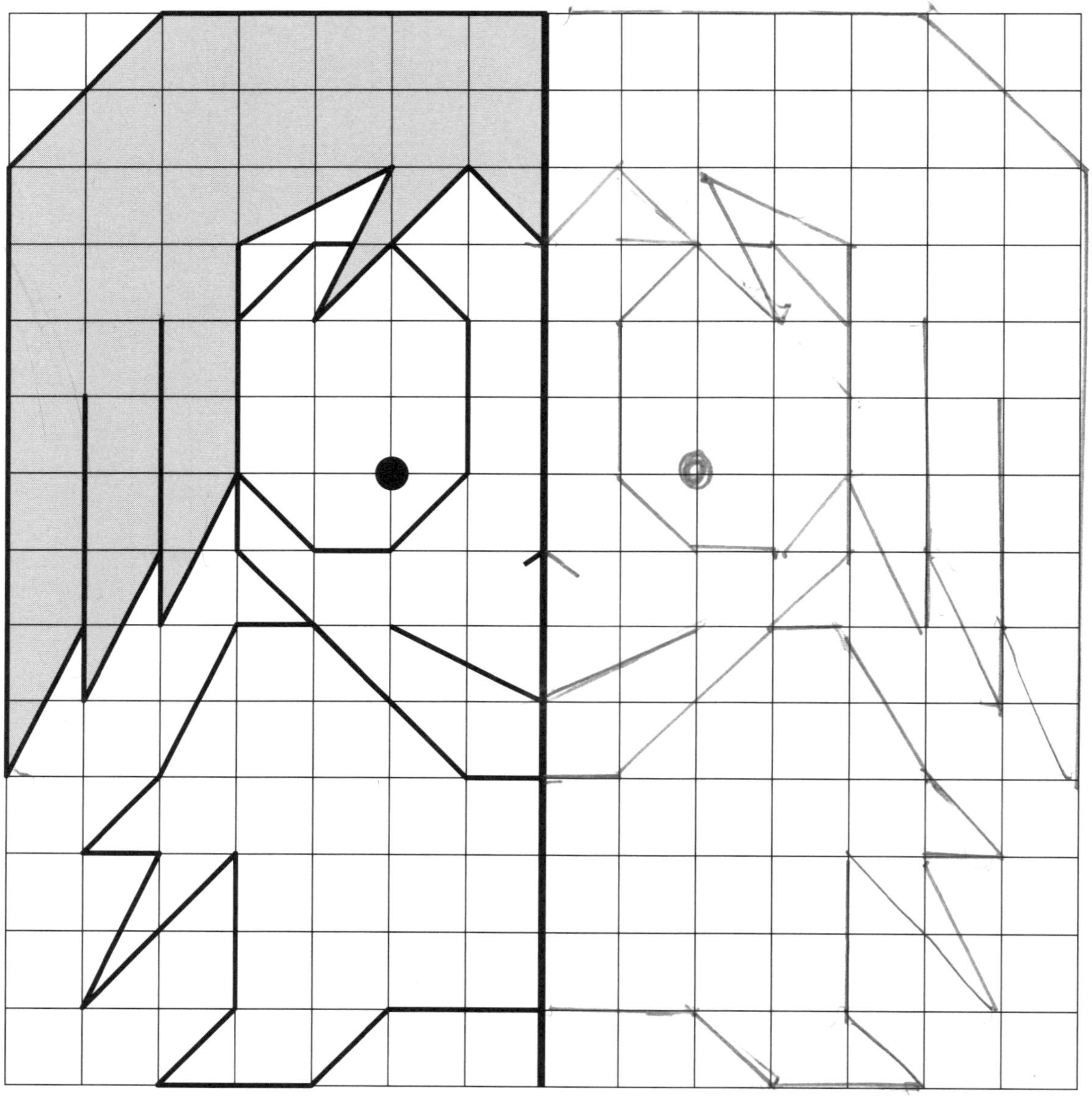

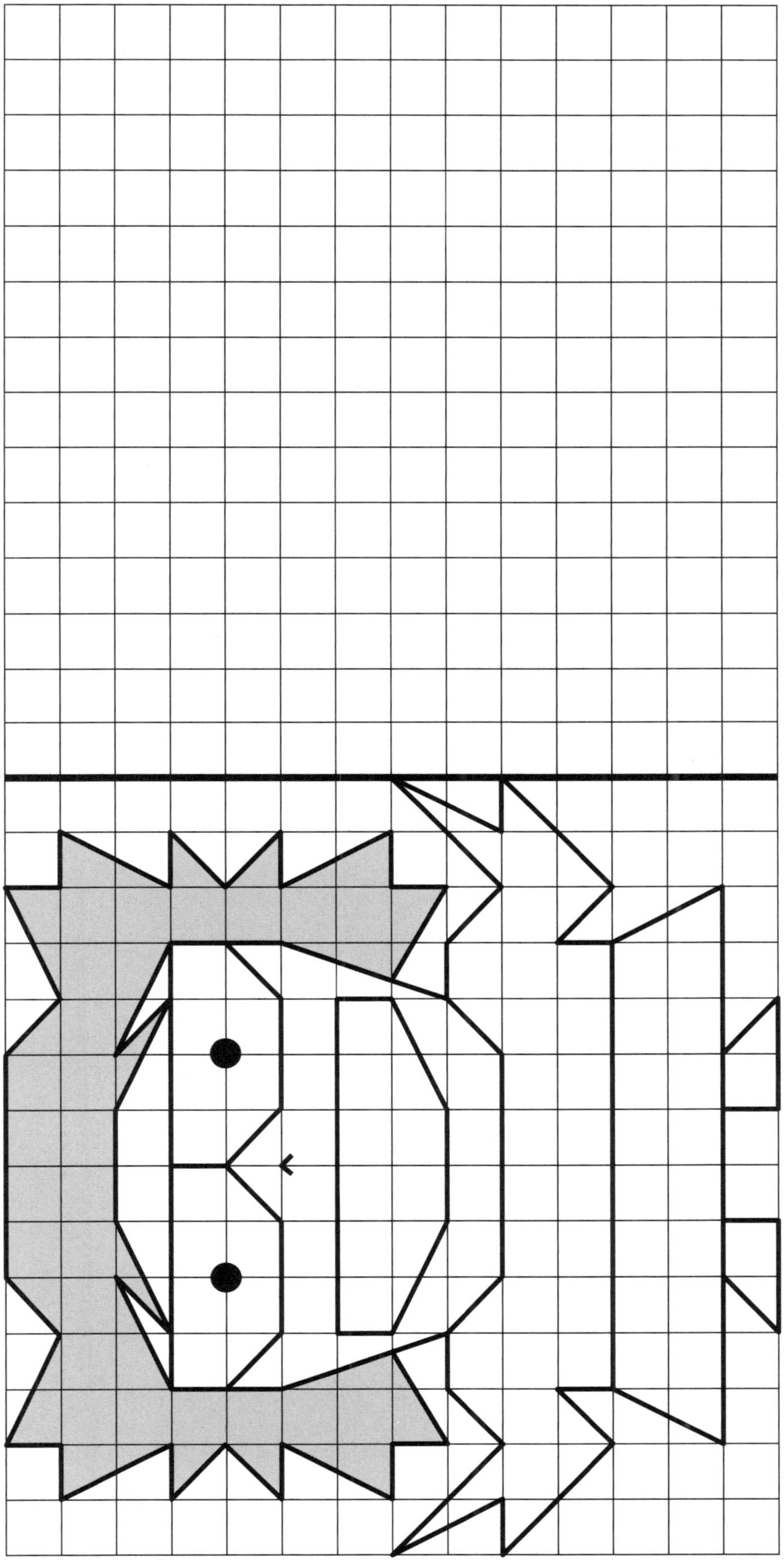

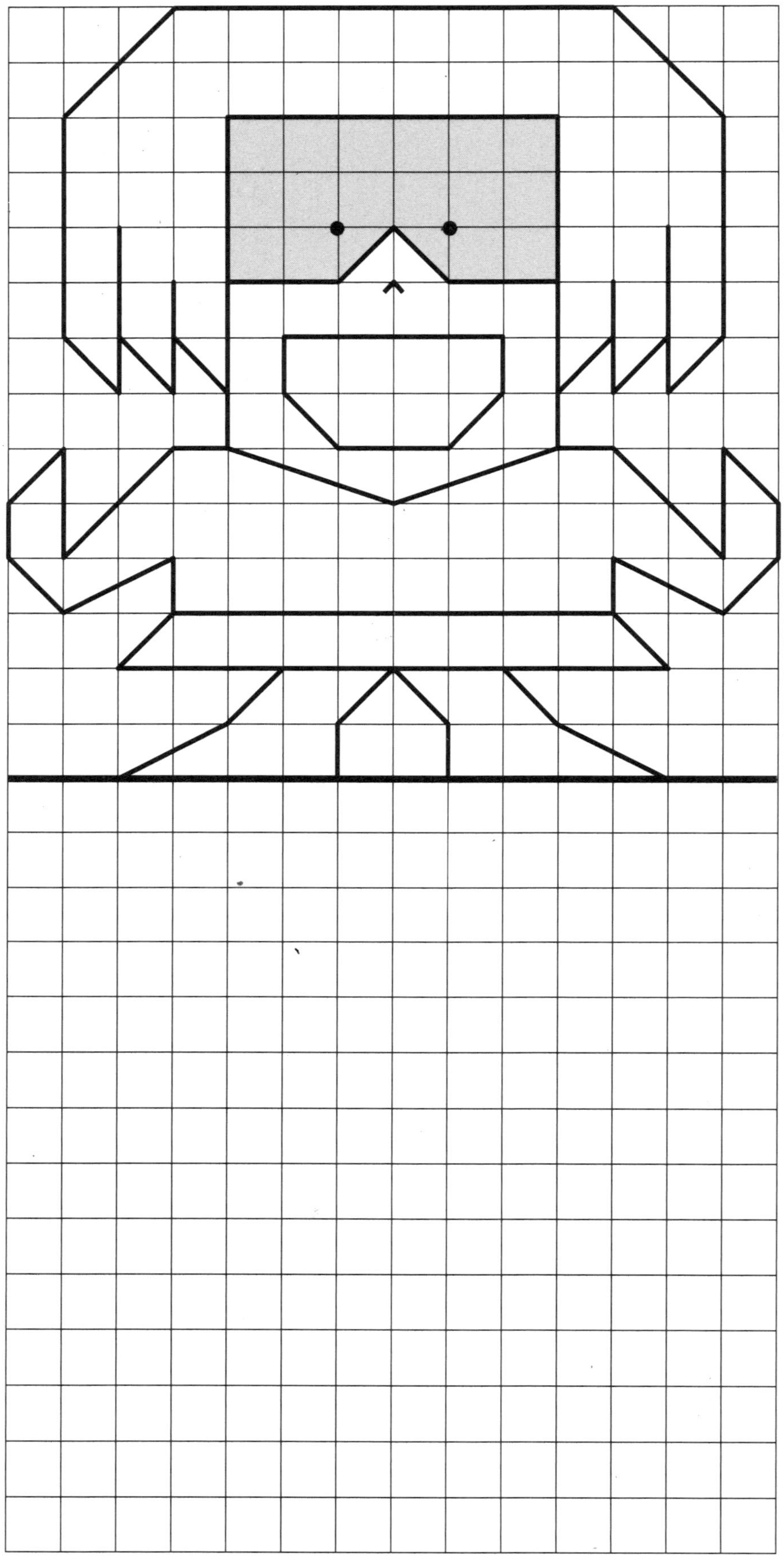

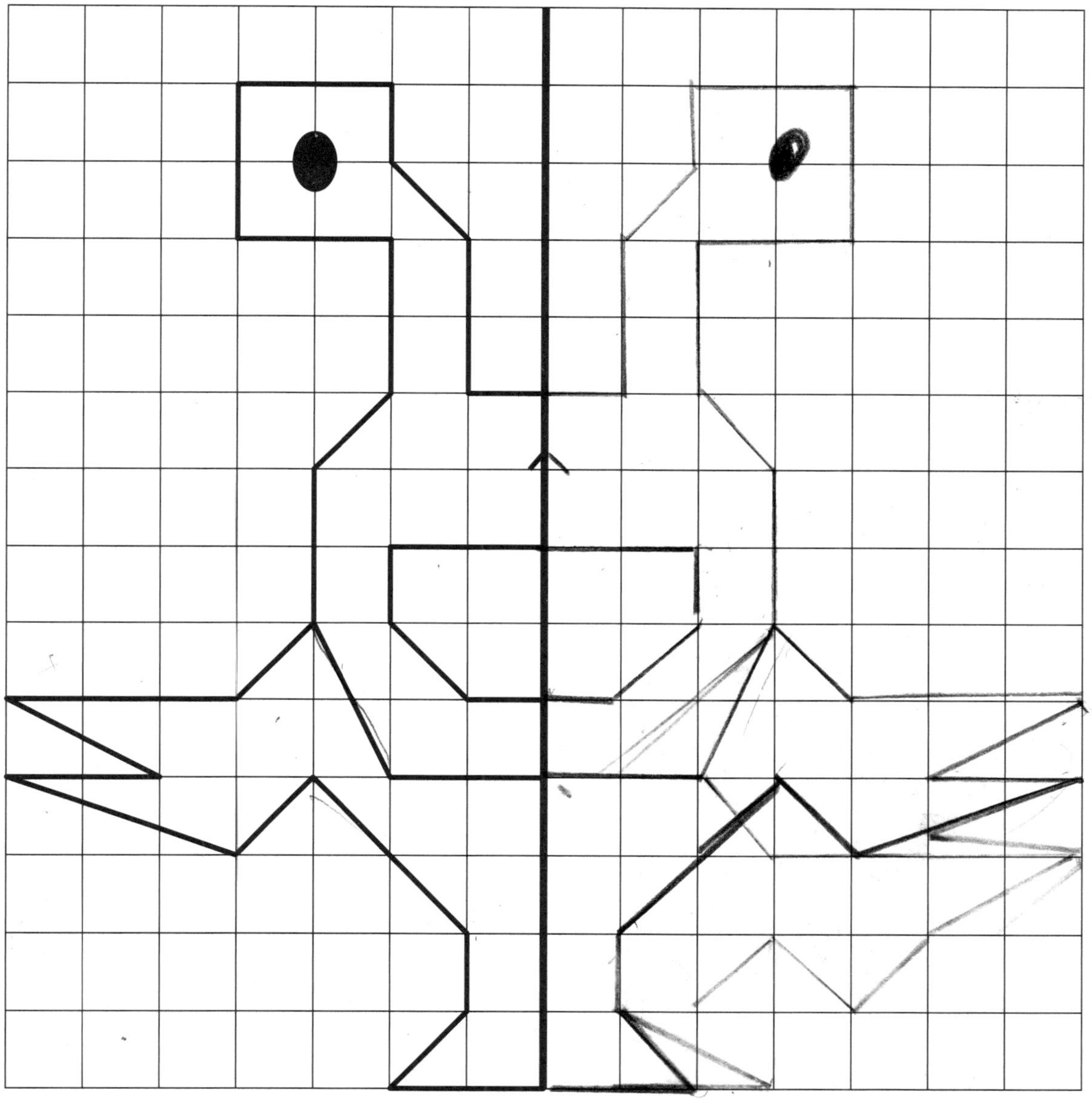

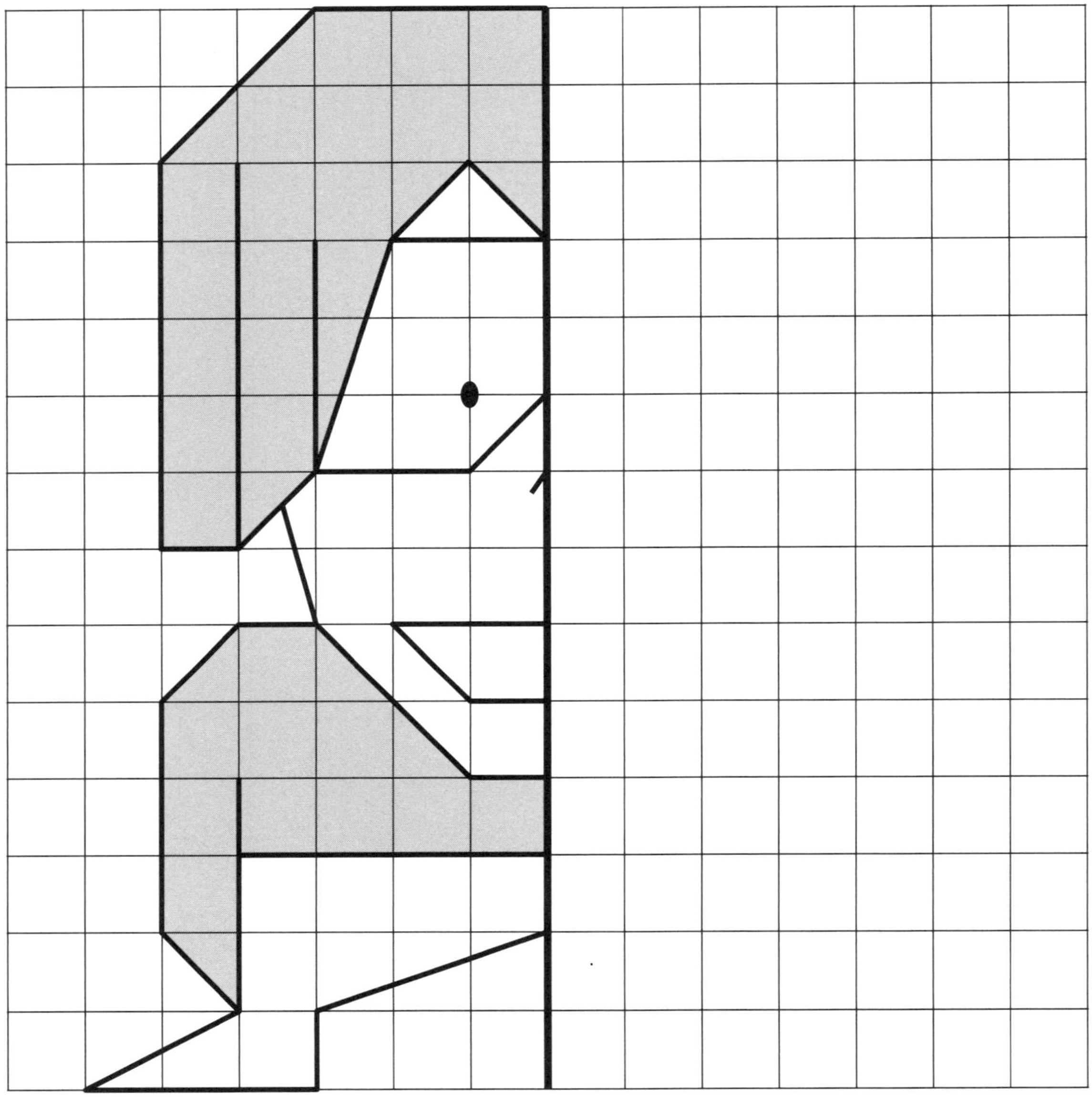

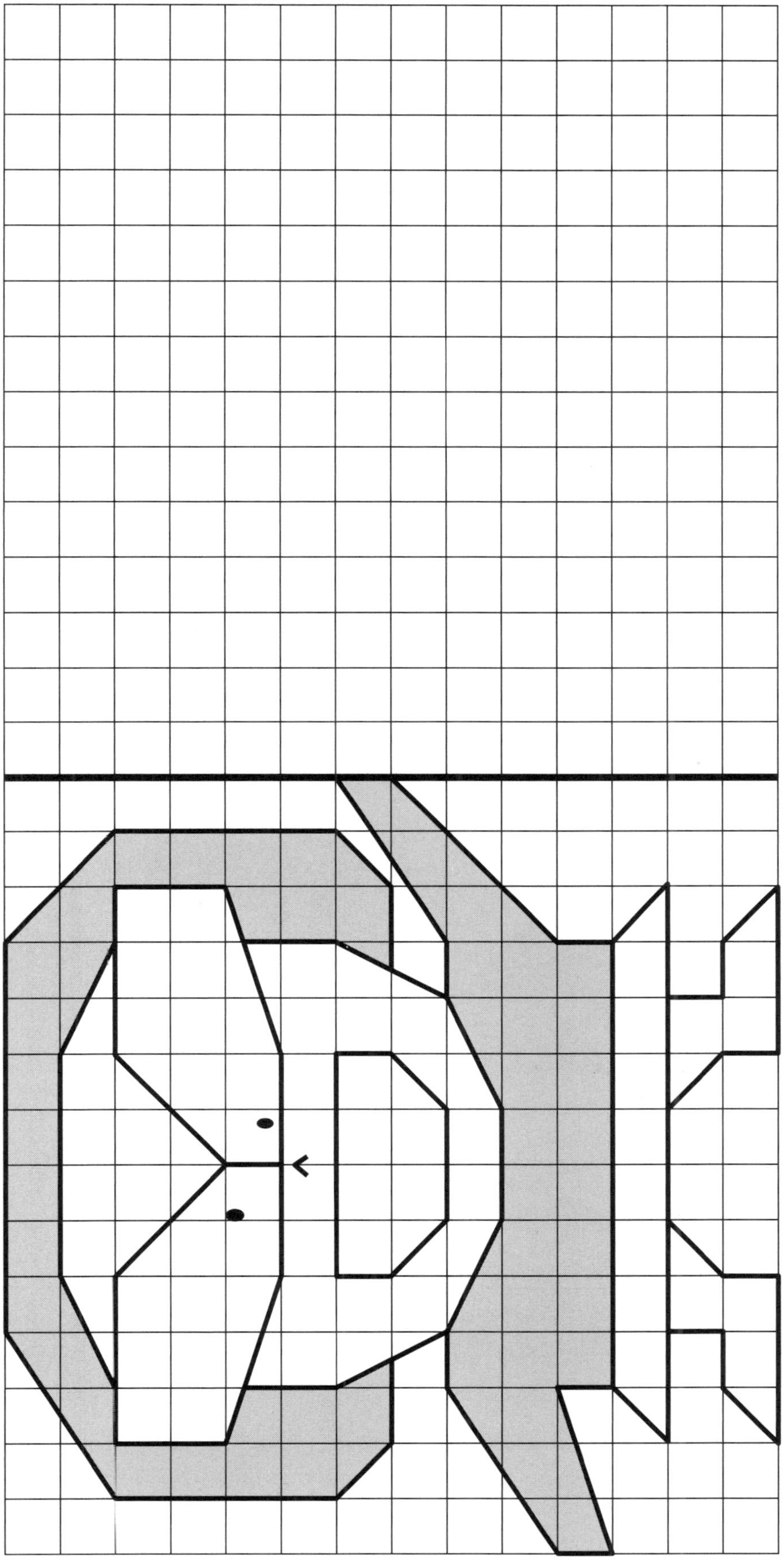

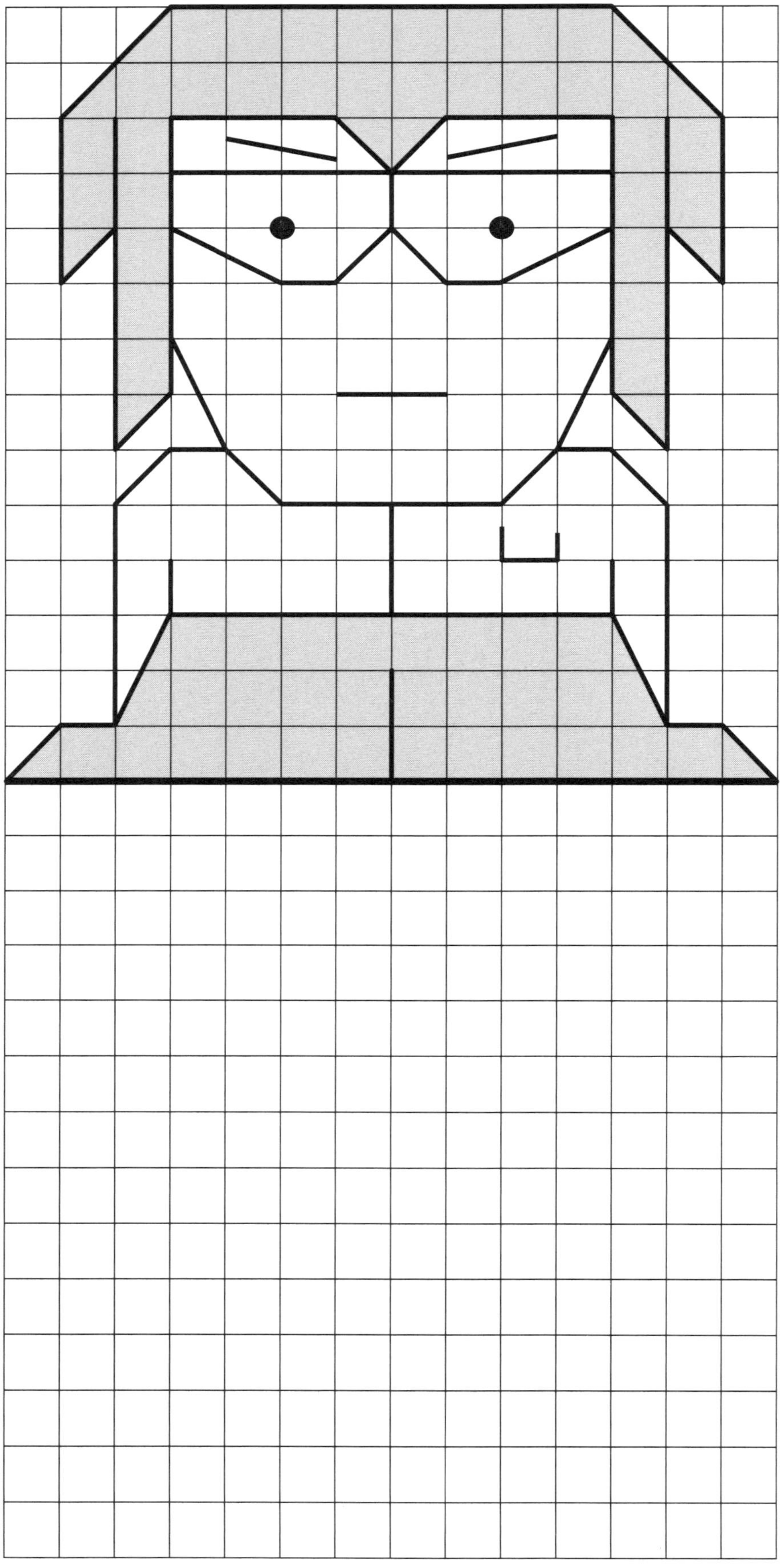

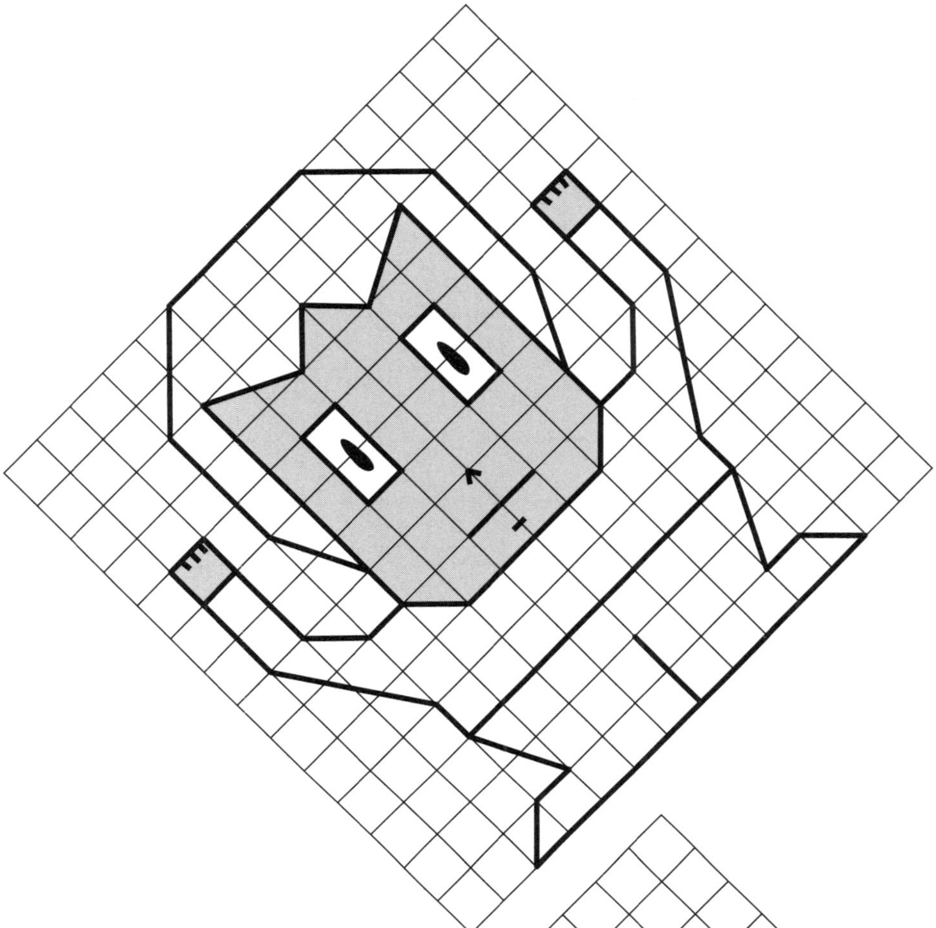

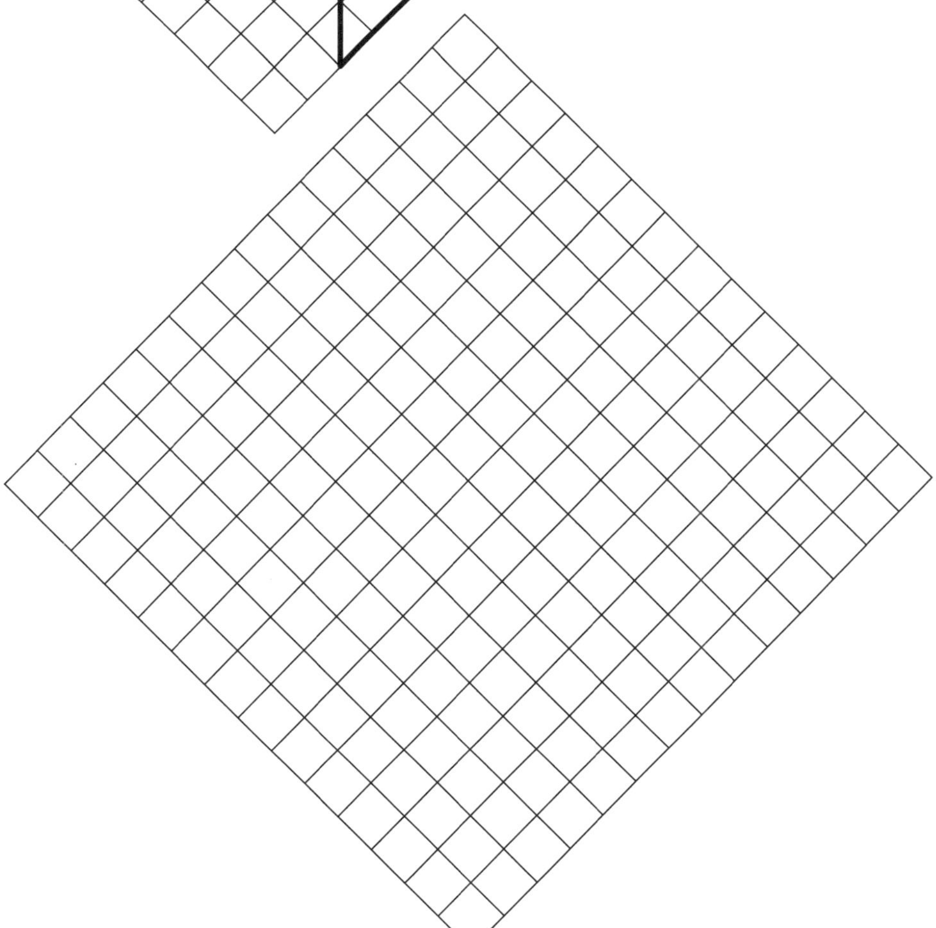

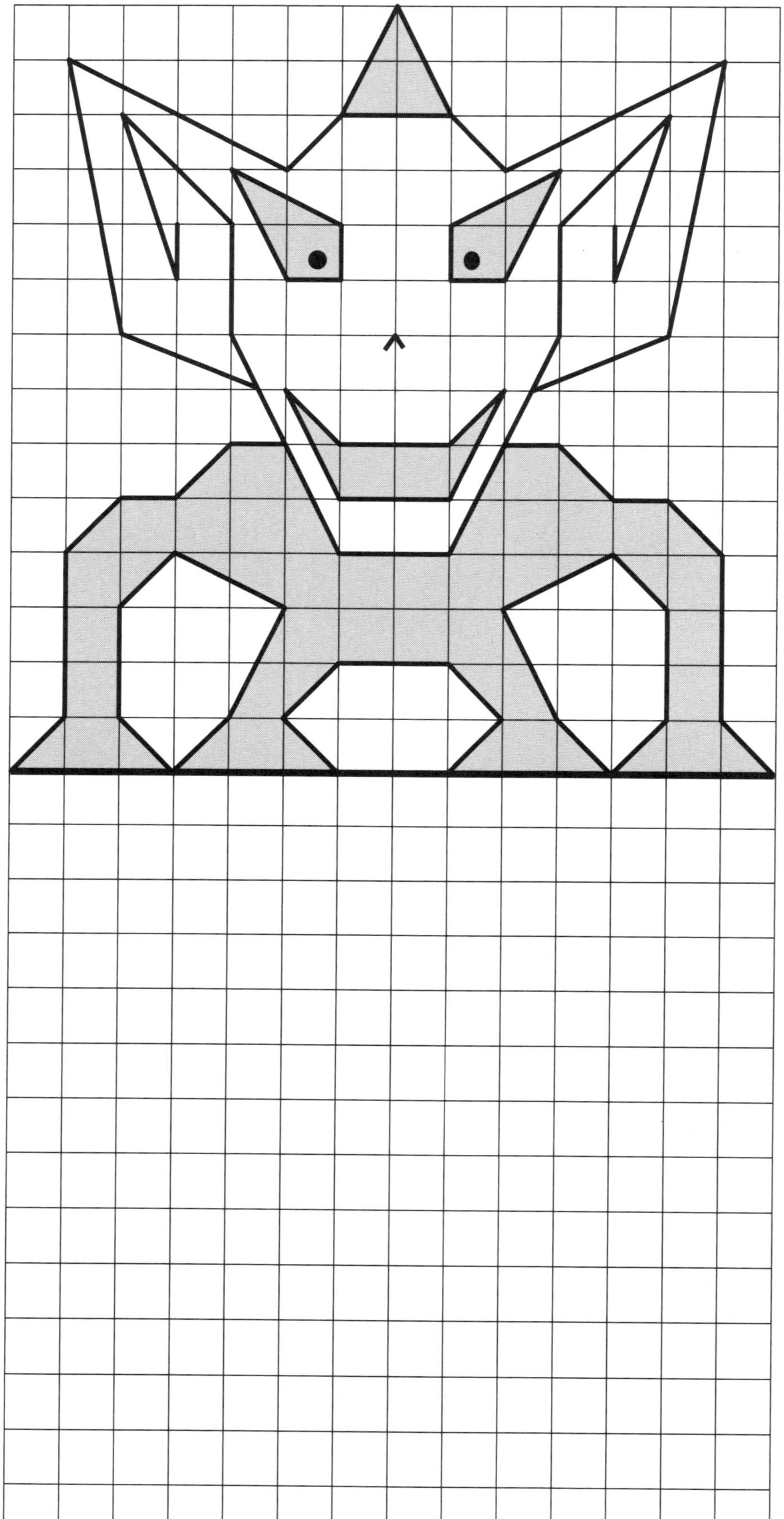

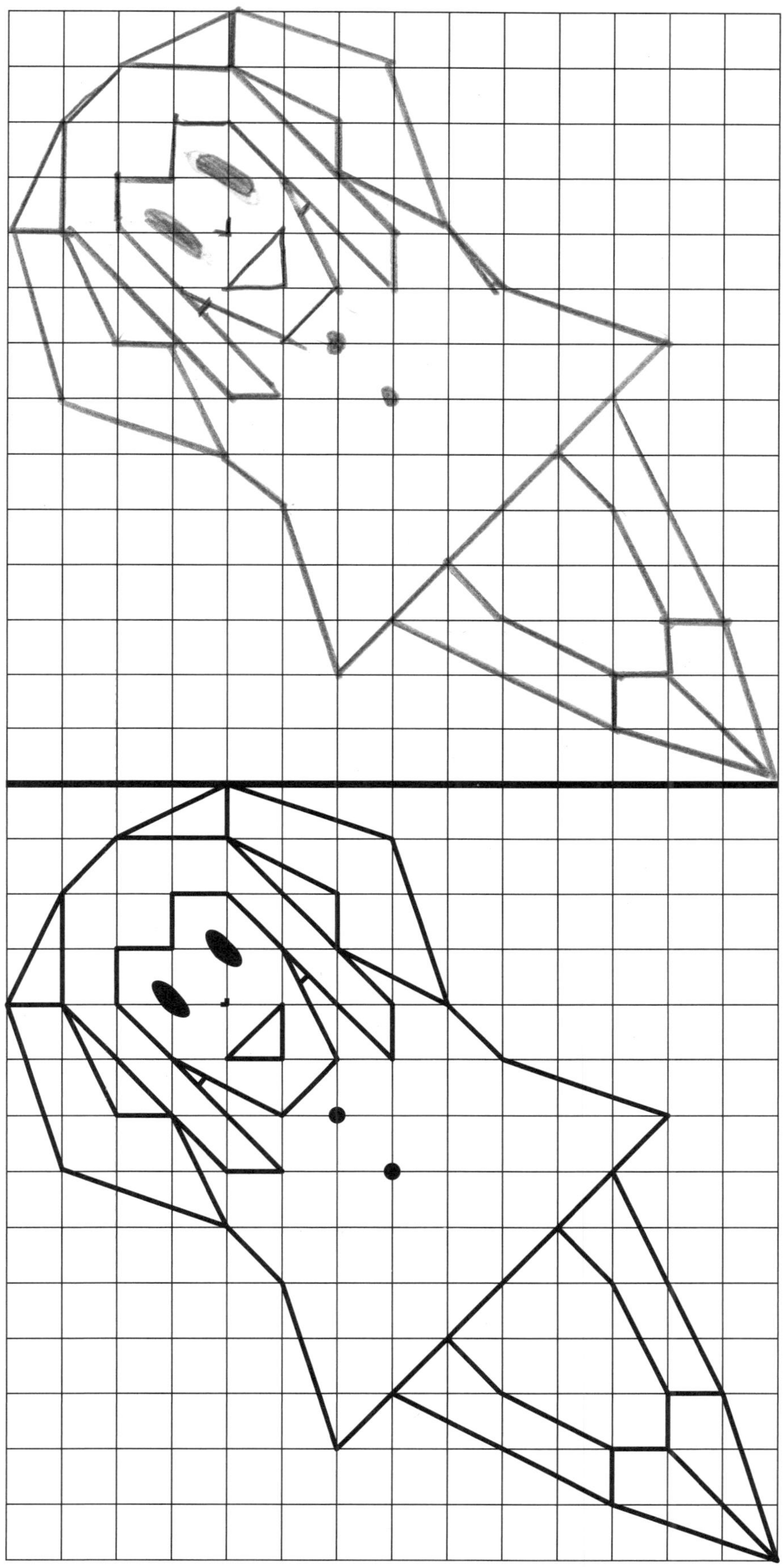

43

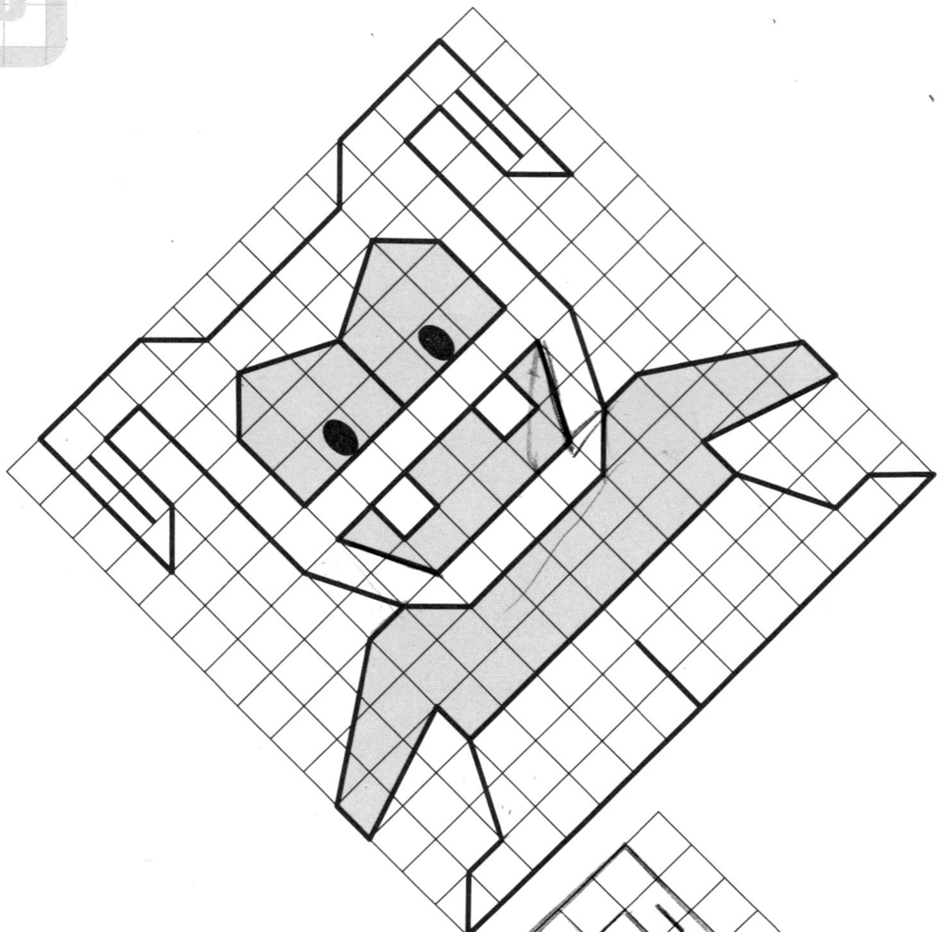

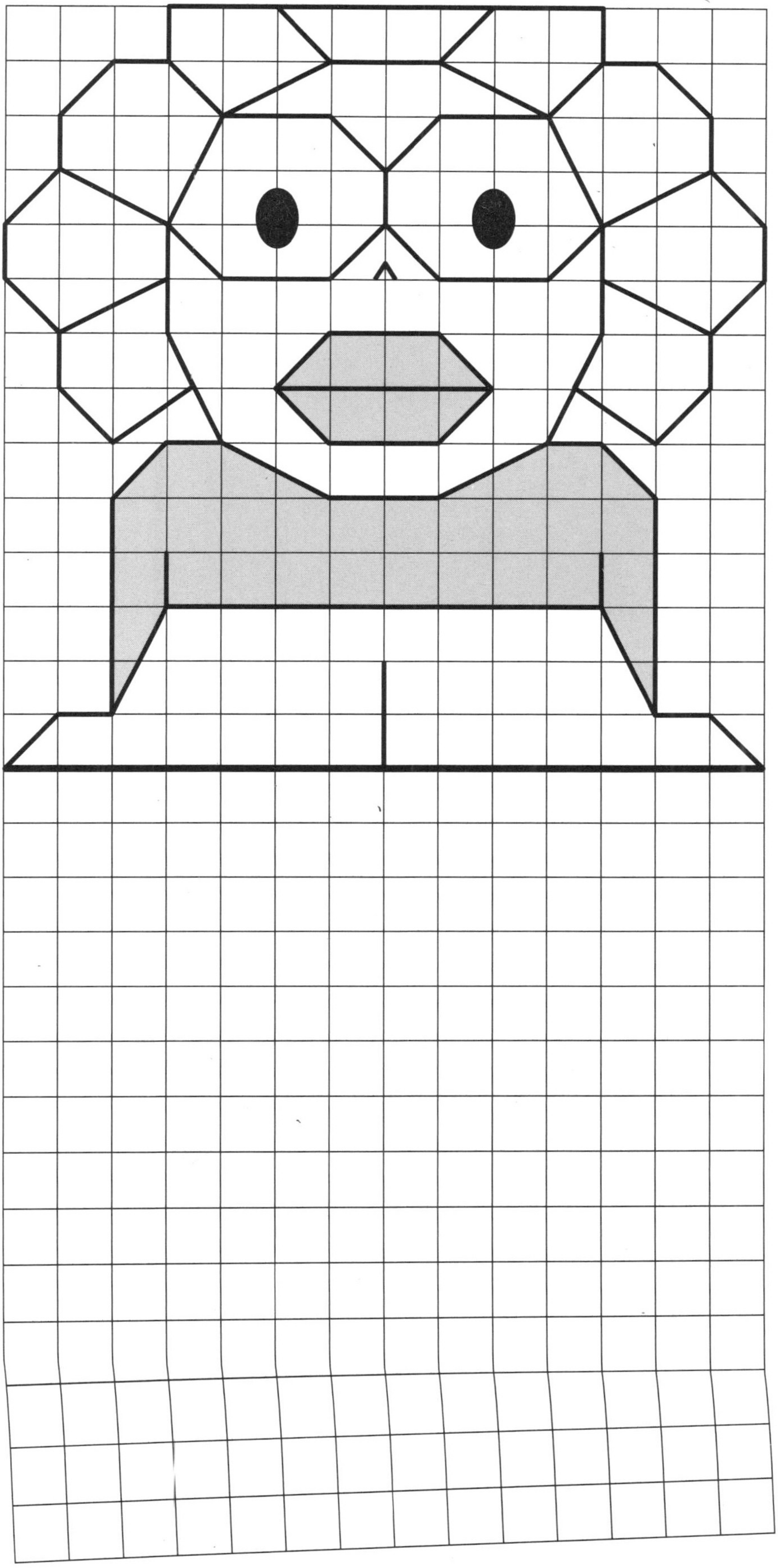

DANS LA MÊME COLLECTION

Réalisation : Lasergraphie
N° de projet : 10173342 - Dépôt légal : janvier 2011 - Numéro d'impression : 012018
Achevé d'imprimer en France en janvier 2011 sur les presses de la Nouvelle Imprimerie Laballery
Le papier de cet ouvrage est composé de fibres naturelles, renouvelables, recyclables et fabriquées à partir de bois provenant de forêts gérées de manière responsable et durable.